AF392824

Educación en línea: Parámetros fundamentales para la educación virtual en el contexto colombiano

Brigitte Rodríguez Mendoza

EDUCACIÓN EN LÍNEA:
Parámetros fundamentales para la educación virtual
en el contexto colombiano
© Brigitte Rodríguez Mendoza

Editado por: Corporación Ígneo S.A.C.
para su sello editorial Caduceus
Caracas, Venezuela
Primera edición, julio, 2022

ISBN: 978-980-436-039-8
Depósito legal: DC2022000993
Impresión bajo demanda

www.grupoigneo.com
Correo electrónico: contacto@grupoigneo.com
Facebook: Grupo Ígneo | Twitter: @editorialigneo | Instagram: @grupoigneo

Diseño de portada: Susana Santos
Corrección: Cindy Scarlet Barreto Medina
Diagramación: Gerardo Hernández B.

Contenido

Introducción

Dentro del cambio del contexto educativo y gracias a las diferentes necesidades globalizadas en pos de obtener mejor y mayor cualificación, desde hace varios años se ha venido fortaleciendo la modalidad virtual en la educación superior en Latinoamérica. Este tema, para la Organización de las Naciones Unidas para la Educación, la Ciencia y la Cultura (por sus siglas en inglés UNESCO, 2017b), se define como una experiencia de aprendizaje impartida electrónicamente y que permite la interacción entre docentes y estudiantes en un ecosistema académico en la web.

Por consiguiente, y desde la propuesta de UNESCO-UIS (2018), se plantea instaurar el requisito de la calidad en este tipo de experiencia como un factor relevante en todo el proceso educativo, aspecto que debe garantizar el cumplimiento de lineamientos de rigor académico y de labor docente, como aquellos que buscan en los planteamiento de los Objetivos de Desarrollo Sostenible (ODS) de la UNESCO (2017a). Incluso, la calidad existe en las nuevas necesidades exigidas por la educación en medio de la pandemia generada por la enfermedad del coronavirus, mal que surgió en el 2019.

Es así como, bajo las categorías de análisis de los principios de aprendizaje dialógico cimentados por Flecha (1997) y Lamas (2010), la calidad en el aula según Watters y Hanf (2015), Olguín (2020), CRES (2018), UNESCO (2017a) entre otros; y el contexto universitario de la modalidad virtual bajo la propuesta en Colombia del Ministerio de Educación Nacional (MEN, 2020c), Nicholson (2007), Bailey, de Peralta y Aparicio (2021) y diferentes autores, este libro ofrecerá un recorrido de los aspectos básicos de la educación en línea, así como de los parámetros de atención fundamentales para apoyar el proceso de enseñanza y aprendizaje en estos espacios. De este modo, los docentes pueden aprovechar las características únicas de los entornos en línea para brindar experiencias de aprendizaje que representen la calidad contextualizada en la institución y la sociedad.

En las siguientes páginas se pretenden definir los requerimientos mínimos de los entornos de aprendizaje virtuales, los cuales pueden ser pautas iniciales o «buenas practicas» que los centros de educación superior pueden emplear para promover medidas de calidad básicas y romper paradigmas de bajos niveles en la prestación del servicio educativo en estos entornos virtuales de enseñanza, como los que se presentan en los informes de Protopsaltis y Baum (2019) y El Firdoussi, Lachgar, Kabaili, Rochdi, Goujdami (2020), por lo que se busca resaltar la calidad como parte integral del proceso de aprendizaje virtual y se propone como un pilar fundamental en el desarrollo de la educación superior.

El presente estudio orienta el planteamiento de un compromiso futuro que propondrá, en posibles publicaciones posteriores, un nuevo enfoque que facilite el gusto de los estudiantes por aprender en los entornos virtuales, así como la implementación de factores que puedan eliminar la perspectiva de la baja calidad que poseen los programas en esta modalidad en la actualidad (Protopsaltis y Baum, 2019). Esto con la finalidad de poder ofrecer entornos educativos donde se compartan prácticas de educación dialógicas y activas acordes a la necesidad de la sociedad, de manera que permita compartir experiencias, comunicarse con sus pares académicos y facilitar el flujo de información en el proceso de enseñanza. Así, se le dará una resignificación al aprendizaje, al acompañamiento del maestro y a la mediación, la cual puede apoyarse con un marco de trabajo que medie la concepción comunicativa del aprendizaje dialógico en las aulas virtuales para ayudar a desarrollar el nivel de razonamiento de los estudiantes mientras que participan en sus actividades de aula.

Capítulo 1
Avances históricos de la virtualidad en Colombia

Gracias a las nuevas tendencias educativas y a las necesidades de formación permanentes que llevan inmersa la necesidad de flexibilización de la formación convencional, se ha logrado instituir una modalidad fundamentada en la educación a distancia que ha apoyado a la educación superior formal y no formal con procesos de aprendizaje basados en las tecnologías de la información y comunicación (TIC); esto ha logrado responder a las demandas de la sociedad actual en ciertas medidas académicas. En las últimas décadas, esta «nueva» modalidad ha evidenciado un cambio a nivel tecnológico que busca instaurar una relación abierta e interactiva de carácter educativo (MEN, 2020a).

Esta modalidad educativa viene fortaleciéndose desde 1947 en Latinoamérica, como comenta García (2013) al detallar el surgimiento de las escuelas radiofónicas, lo que dio paso a una acción cultural popular en diferentes regiones del continente. Posteriormente, Villalonga (2015) detalla que, en el año 1952, la fundación Chicago Educational Television Asociation creó el canal educativo en televisión pública Window To The World (WTTW), el cual ofrecía más de 30 programas educativos bajo la dirección de la UNESCO. En América Latina, este fenómeno educativo llegó en la década de los setenta, lo que inició otra experiencia de educación a distancia por medio de la televisión, donde diferentes universidades colombianas se proyectaron trabajar en esta modalidad, entre las que se encontraban la Universidad de Antioquía, la Universidad del Valle, la Pontificia Universidad Javeriana, la Universidad de San Buenaventura y la Universidad Santo Tomás (García, 2013).

Es así como en la década de los ochenta, la Universidad de San Buenaventura instauró, dentro de sus programas académicos, el primer modelo de educación a través de enseñanzas no convencionales, el cual se impartía a distancia con la Licenciatura en Educación Primaria y la aprobación del decreto que normaliza, rige e inspecciona la educación abierta y a distancia por el Ministerio de Educación Nacional (MEN), dando paso a la creación de nuevos entes reguladores de control y apoyo al proceso de educación, como lo fueron el Consejo Nacional de Educación Abierta y a Distancia y el Instituto Colombiano para el Fomento de la Educación a Distancia.

Lo anterior revela el análisis en un sector académico regional que, gracias a los cambios culturales del nivel educativo que ha traído cada época, el nuevo siglo y, especialmente, la interconectividad de la internet en los hogares, ha logrado una nueva transformación en la educación a distancia, creando la modalidad educativa virtual que, para Yong, Nagles, Mejía y Chaparro (2017), se debe al dinamismo dentro de la sociedad, así como a la vinculación de los desarrollos tecnológicos y a los diferentes progresos científicos para promover los procesos pedagógicos con dinamismo en la educación presencial y a distancia. Este último aspecto ha llevado a que, para finales de la década de los noventa, como comentan Arboleda y Rama (2013), surgieran presentaciones de programas completamente virtuales y de aplicaciones informáticas centradas en prácticas y el desarrollo de competencias en diferentes países latinoamericanos.

La demanda tecnológica y las deficiencias del sistema educativo convencional han dado cabida a esta nueva opción pedagógica, dirigiendo la educación virtual al aprendizaje extramural que, de acuerdo con Villalonga (2015), es un compromiso de la UNESCO con la educación a distancia, ya que la enseñanza virtual es un modelo educativo abierto que proporciona formación constante y que puede ser una alternativa a los modelos tradicionales para fortalecer la educación en sectores vulnerables. Esto permite lograr una apertura de sistemas formativos innovadores que replantean las posibles premisas convencionales sobre la educación y que, con su enfoque abierto, han logrado instaurar un «modelo educativo global» el cual, dentro de su auge e incorporación «novedosa» ante la sociedad latinoamericana, toma un enfoque comercial que permite trascender la división educativa de cada país.

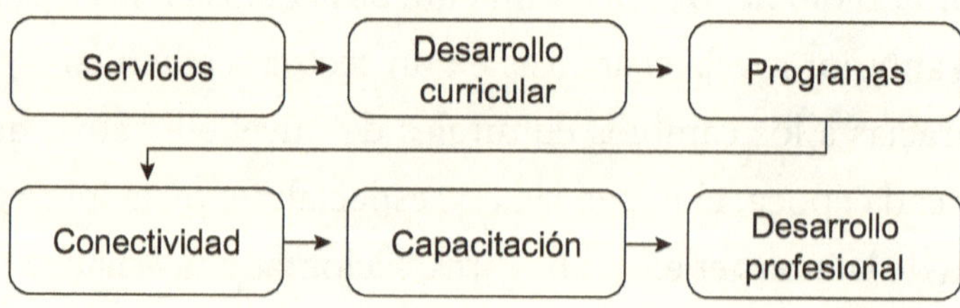

Figura 1. Campos educativos para penetrar en el mercado.

La modalidad virtual ofrece una perspectiva que se ha desplegado en varios campos (Figura 1), penetrando con creces el mercado educativo al ofrecer productos y/o servicios creativos y eficientes para estudiantes de todas las edades. Estos, además de cumplir con la reglamentación nacional de cada país, deben cimentar sus puntos de apoyo en el desarrollo de las políticas educativas públicas bajo la proyección de la globalización para impulsar el desarrollo regional y la educación de calidad en América Latina, con exigencias académicas que permitan el desarrollo de profesionales de alto nivel que afronten los desafíos que surgen en el contexto nacional, a fin de hacer frente al retraso y a las premuras de la globalización como lo definen Yong y cols. (2017).

Para la Organización Internacional de Normalización (por sus siglas en inglés ISO 9000, 2015) la calidad es el nivel en el que un conjunto de características cumple requerimientos con satisfacción, por lo que la calidad académica en la modalidad virtual debería orientarse a este lineamiento, teniendo en cuenta los aspectos pedagógicos/educativos que necesita cada sociedad. Asimismo, debería considerar el respeto por otras culturas y creencias, así como el mejoramiento de estrategias para adquirir conocimientos y desarrollar habilidades «globalmente competitivas».

Por las características políticas de Latinoamérica, el Estado no ha logrado alcanzar los conceptos ideales para ofrecer una educación de calidad eficiente en espacios presenciales, lo que lleva a que también se presente este inconveniente en las modalidades virtuales. Muchas veces, estas quedan reducidas a la regulación del mercado, obstaculizadas por una política tercermundista donde se sigue observando un gran desequilibrio en las relaciones sociales existentes en las regiones, la baja conectividad, los precios elevados, el analfabetismo digital y la poca confianza por parte de los usuarios en la eficacia de esta modalidad educativa para fortalecer sus aprendizajes.

Es así como el concepto de la modalidad virtual surge para ofrecer un apoyo difundido por las universidades, orientado a brindar oportunidades de accesibilidad a una educación digna, combatir la pobreza, la desigualdad, reducir la brecha entre las naciones desarrolladas y las menos desarrolladas, y fortalecer la competitividad y la productividad de la región y de los países individuales a través de un enfoque basado en la flexibilidad. Pero, en ocasiones, estos factores de apoyo, en lugar de brindar un soporte a las universidades para adoptar un enfoque innovador que permita renovar y desarrollar las capacidades de los estudiantes, tal como indican Gil y Roca (2011), se presentan más bien como un desafío formativo que presume la adquisición de competencias de TIC para que los estudiantes puedan ser autónomos, competentes y gestores de información, pero que en su aplicación llevan un cambio poco significativo que viene con la implementación de aspectos tecnológicos con baja calidad y/o pertinencia.

Puntualmente, revisando las políticas educativas nacionales de Colombia, se plantea que la educación es un derecho ciudadano y una prioridad del gobierno, según lo planteado por la Constitución Política de Colombia de 1991 y por la Ley General de Educación de 1994 (Ley 115, 1994). En estas leyes está especificado para todos los colombianos el derecho de acceso a la educación para su desarrollo personal y el beneficio de la sociedad, representado al inicio en un modelo educativo básico de escuela prescolar, primaria y secundaria, a las cuales se les brinda un aporte general asignado en cada año fiscal de un 10 % del presupuesto nacional; seguido de dos niveles para educación superior, señalados como pregrado y posgrado, donde cada uno cuenta con tres niveles de formación.

El proceso y el sistema de educación superior en Colombia son variados, con una gama de proveedores y múltiples programas de distintas duraciones y niveles comprendidos en educación formal y no formal. Los estudiantes de Colombia son menores que sus pares de la Organización para la Cooperación y el Desarrollo Económicos (OCDE, 2016), lo que evidenciaría que son personas más jóvenes y con menos años de educación cuando ingresan a la educación superior.

Como resumen normativo, Colombia cuenta con la siguiente reglamentación estatal en políticas educativas:

Tabla 1. Normograma educación superior Colombia

Norma	Descripción
Ley N° 30, 1992	Por la cual se organiza el servicio público de la educación superior.
Ley N° 115, 1994	Por la cual se expide la ley general de educación.
Ley N° 749, 2002	Por la cual se organiza el servicio público de la educación superior en las modalidades de formación técnica profesional y tecnológica, y se dictan otras disposiciones.
Normatividad específica por programa académico	Dependiendo del nivel y las características del programa, existe una reglamentación específica a cumplir.
Ley N° 1064, 2006 y Decreto N° 2888, 2007	Apoyo y fortalecimiento de la educación para el trabajo y el desarrollo humano.
Ley N° 1188, 2008	Por la cual se regula el registro calificado de programas de educación superior y se dictan otras disposiciones.
Ley N° 1295, 2010	Por el cual se reglamenta el registro calificado de que trata la Ley 1188 de 2008 y la oferta y desarrollo de programas académicos de educación superior.

Fuente: Elaboración propia.

A pesar de la normativa nacional existente, actualmente no existe una regulación o un apoyo de cómo debe tratarse el proceso pedagógico dentro de la modalidad educativa de formación virtual, lo que conlleva a que esta se combine bajo un modelo curricular general sin que se establezcan conexiones dinámicas para apoyar los entornos de aprendizaje institucional y social, lo que podría llevar a una consolidación del proceso educativo mediante el uso extensivo de las TIC.

En la actualidad, el sistema educativo colombiano enfoca su base académica a través de la educación por competencias la cual, para la educación básica y media, se denota bajo el MEN (2020a) como estándares básicos de competencia que plantean pautas por niveles académicos, a fin de cumplir expectativas comunes de calidad que definen la capacidad efectiva para llevar a cabo con éxito una actividad laboral. Con la propuesta de Ríos y Herrera (2017), estos estándares se evalúan para ser una integración de saberes orientados al mejoramiento de los aprendizajes y las prácticas pedagógicas, lo cual puede vincular:

- planes efectivos para garantizar una mayor permanencia en el sistema educativo de los estudiantes;
- un currículo rico en las necesidades del contexto;
- apoyo docente;
- cobertura social y estructuras de apoyo para los alumnos;
- accesibilidad;
- pertinencia en las prácticas pedagógicas;
- calidad educativa.

Así como en la presencial, la modalidad virtual puede ofrecer apoyo en cada una de las necesidades expuestas anteriormente, fortaleciendo los servicios educativos formales y no formales, y ofreciendo apoyo en la cobertura educativa siempre y cuando se tenga en cuenta la especificidad del modelo educativo. Por tanto, contar con un proceso para evidenciar la caracterización de la educación virtual y su forma de trabajo podría brindar ambientes capaces de contribuir al desarrollo científico y tecnológico de las instituciones educativas.

Silvio (2006) declara que la calidad de la educación virtual a distancia posee características propias y su evaluación no puede someterse a los mismos juicios que la educación presencial. Teniendo en cuenta estos aportes, es posible que existan juicios aplicables a ambas modalidades educativas, pero la educación virtual demanda criterios y técnicas específicas para evaluar su eficacia, mejorar sus prácticas y favorecer a los escolares en su proceso de enseñanza-aprendizaje.

Valverde, Garrido y Sosa (2010) han explicado cómo se han logrado aplicar diferentes políticas educativas en Latinoamérica, encaminadas a la vinculación de las TIC en sus sistemas educativos, las cuales pueden ser consideradas como estratégicas para proporcionar metas acerca del rol que pueden adoptar las tecnologías en los procesos educativos y sus beneficios, fomentando la innovación en la comunidad educativa. Pero estos aportes solo se integran como apoyo a las clases tradicionalistas: se toma a la virtualidad solo como un apoyo a lo presencial.

Por ello, es necesario establecer los programas necesarios e idóneos para trabajar en el ciberespacio de forma eficiente, donde se puedan tener en cuenta los activos, los colaborativos, al creador, al integrador y al evaluador, como se ve en la Figura 2. Chan (2016) agrega que se puede lograr un aumento en la calidad del diseño educativo, de la estructuración escolar, la cooperación internacional y el dominio de la formación virtual como un camino congruente que puede favorecer la equidad educativa.

Figura 2. Visión general sobre la pedagogía en la sociedad industrial frente a la sociedad de la información.

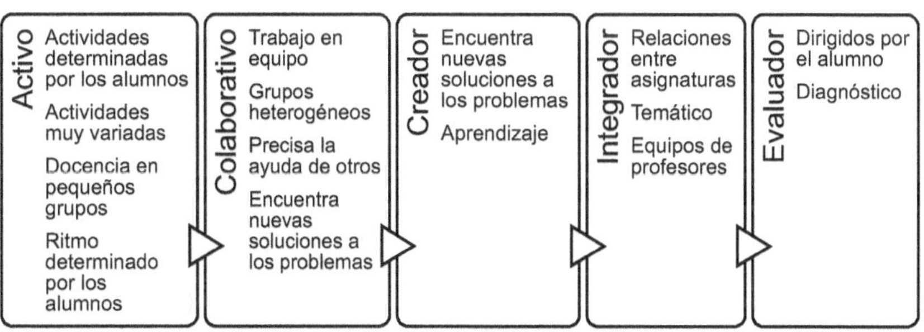

Fuente: Elaboración propia.

Es así como se ve la necesidad de consolidar un apoyo que oriente las buenas prácticas dentro de la modalidad virtual para lograr el proceso de evolución tecnológica que necesitan las instituciones de educación superior. Por lo tanto, los establecimientos que impartan esta educación deben estar dispuestos a desempeñar un papel fundamental en el surgimiento de una sociedad del conocimiento, especialmente si son capaces de implementar los cambios radicales requeridos por la educación virtual para lograr difusión, aplicación del conocimiento y pensamiento crítico que puedan cambiar el paradigma en la calidad educativa que se ofrece en estos espacios. A su vez, deben estar apoyados en currículos que conlleven a la reflexión y al razonamiento que necesitan los estudiantes para liderar los cambios en el adecuado proceso de enseñanza-aprendizaje en todos los niveles, como parte del desarrollo a nivel regional en América Latina y la creciente participación en el debate globalizado.

Capítulo 2
Oportunidad del modelo educativo virtual

En Colombia se evidencia una coyuntura de mercado para aumentar la oferta de la virtualidad en todas sus facetas, como lo es el aumento considerable por las nuevas oportunidades laborales que piden teletrabajo, cifras con un crecimiento de 30 000 trabajadores en 2014 a 100 000 en 2018 (MINTIC, 2018) y superando los 209 000 en el 2020 (MINTIC, 2021); aspecto claramente reforzado por las vivencias de la pandemia del coronavirus que surgió en el 2019, conocida por sus siglas en inglés de COVID-19.

Las cifran anteriores demuestran que, a pesar de que en Colombia se tiene un índice de 39,69 en resiliencia digital del hogar (CAF, 2020), la digitalización social ha apoyado la cadena de producción del país, además de ser un soporte social y económico. Pero aún se debe recorrer un gran camino para ser eficientes como los países de la OCDE, los cuales tienen un promedio ponderado de 53,78.

Bajo este caso, que se presentó a nivel mundial, se puede evidenciar que marcó un momento en que los gobiernos, junto con sus ministerios de tecnología, entes de control digital y la sociedad civil latinoamericana, conformaran un acuerdo de colaboración y labor conjunta para identificar aquellas áreas de trabajo que necesitasen mejorar el desempeño de ciertos componentes del ecosistema digital.

Revisando puntualmente la propagación de la pandemia COVID-19, la mayoría de los gobiernos de todo el mundo optaron, en su momento, por el cierre transitorio de las instituciones educativas en un intento de contener las afecciones que podían ocasionar el virus, lo que afectó a más del 91 % de la población estudiantil del mundo según los soportes que ofrece la UNESCO (2020). Para mitigar el impacto inmediato del cierre de escuelas, este tema trató de ser mediado a través de medios tecnológicos que apoyasen el proceso educativo, soportado con medidas regulatorias estatales como las presentadas en Colombia por el MEN (2020b), MEN (2020c), entre otras. De esta manera, se podían establecer orientaciones para la implementación de estrategias pedagógicas para fortalecer el hogar como un ambiente de aprendizaje mediante herramientas virtuales que pudieran brindar guías, contenidos, espacios de conversación y acompañamiento para toda la comunidad educativa, como se relaciona en la Red Académica de Secretaria de Educación de Bogotá (SECBOG, 2020).

Dentro del contexto antes expuesto, las TIC se han clasificado como un factor relevante que han permitido y permitirán potenciar las transformaciones de la destreza pedagógica en los establecimientos educativos, cambios necesarios a partir de la resignificación y la construcción de sentido que maestros, directivos, estudiantes e incluso entes estatales le han otorgado; ya que, a partir de su cotidianidad, el quehacer en las aulas y las necesidades que ahora presenta la sociedad ha transformado los imaginarios que se nutren de las percepciones y del saber que circulan en la comunidad.

Ahora, revisando los aspectos puntuales de la educación superior, en este instante se encuentra sumergida en tensiones internas y externas que recuerdan su evolución para manifestar las pretensiones del «nuevo paradigma»:

Figura 3. Cuestiones del nuevo paradigma educativo.

Cuestiones externas	Cuestiones internas
☐ Los docentes	☐ La universidad debe formar bajo las necesidades y competencias del siglo XXI
☐ La migración a lo digital	☐ La innovación y la transformación real de los entornos y de las prácticas de enseñanza y aprendizaje
☐ Las políticas y las acciones gubernamentales	☐ Los «nativos digitales»

Fuente: Elaboración propia.

Según la propuesta de Reyes (2019), las TIC son un «imaginario radical» presente e imperativo, sobre todo en la educación superior, que debe permear en todas las esferas sociales para exponer las políticas locales e internacionales de procesos de virtualización y masificación de los estudios terciarios, los cuales deben estar inmersos en el contexto de globalización y en la economía de mercado tácito de la sociedad de la información y el conocimiento. Es por esto que, ante la situación planteada, existen universidades conscientes de las necesidades sociales que se buscan mitigar con los ODS de la UNESCO (2017a), por lo que estas instituciones han realizado propuestas para ofrecer opciones de pregrados y posgrados bajo la modalidad virtual para que, de esta manera, se puedan superar límites geográficos, ya que en Colombia y a nivel mundial existen áreas no cubiertas por ofertas académicas de esta índole. Asimismo, la universidad brinda todas las ventajas que ofrece la modalidad virtual, entre ellas: entornos favorables para el progreso de competencias en el uso de TIC, el aprendizaje autónomo y el trabajo colaborativo.

De lo anterior, se considera que los escenarios mediados por la virtualidad se han establecido y serán un medio del proceso educativo en la sociedad; la cual, bajo los aspectos del MEN (2020c), es un espacio que necesita ambientes virtuales de aprendizaje, con apropiación de las TIC, para ser distribuidos mediante la red a través de acciones dialógicas sincrónicas y asincrónicas. Por consiguiente, residir en la sociedad de la información y el conocimiento exige reconocer el lugar de los flujos de información y el cómo se entrelazan con los significados y las culturas actuales para que, a través del ciberespacio, se establezca el medio en el que la digitalización y la virtualización de los objetos de la academia se logren objetivar y aporten a la construcción de un conocimiento colectivo y distribuido con las interacciones, a través de redes e infraestructuras comunicativas con las interacciones de otras semióticas que coinciden en la sociedad.

Es así como se evidencia que dentro del contexto educativo actual, desde hace varios años y con la disruptiva emergente por los cambios sociales, nace la necesidad por incorporar la didáctica interactiva y tecnológica dentro de las aulas de clase de diferentes niveles de formación. A través de la virtualidad, se ofrecen escenarios pedagógicos con el objeto de mediar espacios de aprendizaje que pueden ser presentados en varias modalidades educativas basadas en TIC, como es el caso del aprendizaje electrónico (por sus siglas en inglés de *e-learning*), el cual constituye una evolución de la educación a distancia, pues se les permite a los estudiantes llevar su propio ritmo de aprendizaje para cumplir con las metas académicas dentro de un pensum interactivo bajo entornos de aprendizaje en línea.

Se debe resaltar que, sin importar el modelo educativo que se implemente en las instituciones, no se debe desfigurar la esencia de la educación puesto que esta es praxis, reflexión y ejercicio del hombre sobre el medio para innovarlo, lo que significa que necesariamente debe existir un encuentro de interacción con diálogo para debatir, como lo indican Gómez, Valverde y Villón (2020). A través de la experiencias de las instituciones educativas, se hacen propuestas que han permitido que los estudiantes participen en las aulas virtuales de un currículo mediado por TIC, el cual emplea un flujo de trabajo centrado en la participación de actividades planeadas y organizadas por un docente mediador de aprendizaje y donde cada interacción puede ser de forma sincrónica o asincrónica, permitiendo la accesibilidad acorde a las necesidades de los estudiantes y así proyectarse a ser un modelo que puede apoyar la educación de jóvenes y adultos dentro de un espacio de tiempo que no está limitado. En Colombia, la educación en general trabaja bajo un enfoque por competencias que, así como lo exponen Ríos y Herrera (2017), tienen un lapso de cumplimiento específico, pero que cambia en la educación virtual ya que no se rigen bajo horarios estrictos de seguimiento.

Dentro de este contexto, y por la necesidad de guiar este proceso educativo, las instituciones han contado con el apoyo de sistemas de gestión del aprendizaje (por sus siglas en inglés de *learning management system* [LMS]), las cuales permiten gestionar el aprendizaje a través de herramientas web como videoconferencias, transmisiones en vivo, actividades virtuales, foros, chats, entre otros; todo con el fin de proporcionar a los estudiantes los medios para revisar contenidos, participar en las actividades propuestas y recibir retroalimentación que permitan la construcción de aprendizajes. Osma, Suarez, Marín y Molano (2016) definen los LMS como las diferentes herramientas o aplicaciones de gestión de aprendizaje que permitan efectuar acciones de administración, gestión de contenido y control de los entornos de aprendizaje e interacción entre los actores del proceso educativo, lo que permite que estas plataformas sean un soporte tecnológico poderoso para las academias educativas al ofrecer herramientas para la educación continua.

Actualmente, existe una gran variedad de LMS disponibles, únicos y con un conjunto de características que logran satisfacer las necesidades de diferentes instituciones educativas dependiendo de su modelo de enseñanza, entre los que se pueden controlar:

- **Listados**: Permiten gestionar la asistencia digital para el seguimiento de los participantes.
- **Gestión de documentos**: Carga y gestión de documentos que contienen contenido curricular.
- **Acceso desde múltiples dispositivos**: Permite ingresar a través de diferentes interfaces basadas en la web, como computadoras de escritorio, teléfonos o tabletas.
- **Calendarios del curso**: Creación y publicación de los horarios del curso, plazos y exámenes.
- **Comunicación a través de diferentes medios**: Interacción entre los estudiantes, como mensajería instantánea, correo electrónico y foros de discusión.
- **Evaluación y prueba**: Creación de ejercicios de retención de conocimientos variados, como cuestionarios, exámenes y otros tipos de actividades.
- **Calificación**: Seguimiento avanzado y gráfico del rendimiento del alumno a lo largo del tiempo.
- Entre otras actividades.

Lo anterior representa el soporte para la ejecución del plan curricular, lo cual puede ayudar al docente al usar estas plataformas académicas. Además, es una visión donde la tecnología se vincula plenamente en la práctica de las instituciones, ya que no solo las toman como un medio de aprendizaje, sino que están en la búsqueda de implementar metodologías y estrategias que permitan sacar el provecho que estos métodos ofrecen.

Dentro de este contexto, se puede afirmar que las aulas virtuales tienen un soporte tecnológico acorde a los escenarios educativos virtuales actuales, tales como herramientas de contenido, comunicación, evaluación y seguimiento (Osma y cols., 2016). Pero, a pesar de su funcionalidad, aún carecen de estrategias pedagógicas que favorezcan el descubrimiento compartido, el desarrollo de la metacognición de saberes y la relación del rol del maestro como guía.

Por lo expuesto, y teniendo en cuenta las necesidades en la demanda académica de las instituciones que imparten educación virtual, se puede idealizar al maestro como un:

- **Planificador y organizador**: Quien realiza la planeación de tareas y tiempos necesarios para su ejecución.

- **Guía técnico y administrativo**: Conoce y atiende los problemas que puedan encontrar los estudiantes en el proceso de aprendizaje relativos al uso del entorno virtual.

- **Facilitador y dinamizador del aprendizaje social**: El docente es una figura de apoyo para que los colombianos, en colaboración de sus compañeros, realicen el proceso de aprendizaje de forma que les permita interiorizar los contenidos y adquirir las destrezas necesarias para alcanzar los objetivos. Realiza el seguimiento del avance del estudiante y favorece el trabajo óptimo de los participantes.

- **Evaluador de actividades**: Realiza *feedbacks* para el estudiante, permitiéndole conocer si ha alcanzado los objetivos propuestos.

Es decir, el docente de ambientes virtuales debería ser un administrador de recursos que ofrezca a sus estudiantes la oportunidad de aprender en un entorno flexibilizado, donde logrará enriquecer su propia formación, aprendiendo de forma social y colaborativa al compartir experiencias con otros. Pero ¿los docentes están cumpliendo este rol? ¿Y las instituciones educativas verdaderamente dejan que los docentes, en modalidad virtual, cumplan cada una de estas características para ofrecer una educación de calidad?

Dentro del contexto latinoamericano, Fainholc (2016) detalla que aún no se visualiza ni se redime el sentido de una educación virtual, ya que solo se tiene como un modelo instrumental con apropiación tecnológica que no apunta con coherencia a los factores exigidos por la sociedad de la información y la economía del conocimiento en la cultura digital. Es por ello que necesita orientarse con labores educativas, científicas y tecnológicas transformadoras que favorezcan el apoyo a los profesionales del futuro a través de la construcción de conocimiento para un aprendizaje significativo.

En vista de lo anterior, en las aulas virtuales se generan necesidades académicas latentes para el desarrollo cognitivo adecuado de los estudiantes, las cuales no se tienen en cuenta para hacer un planteamiento de mejora educativa apropiada. Estos problemas pueden ser ignorados ya que, gracias a las regulaciones de las instituciones académicas, se pueden considerar como poco importantes, puesto que el estudiante es visto como un cliente al que se debe tener satisfecho, sin importar si aprende o no; o tal vez, se ignoren por los lineamientos que los docentes de modalidad virtual tienen instaurados, desdibujándolo como mediador o facilitador del aprendizaje como lo menciona Gutiérrez (2008; Figura 4), ya que su rol se limita a adecuar un aula, retroalimentar a sus estudiantes desde una perspectiva masificada y dar respuesta a solicitudes en tiempos de atención oportunos para que los indicadores no se vean afectados.

Lo anterior conlleva a cuestionar el nuevo rol docente y su práctica, el cómo lleva el modelo pedagógico institucional predeterminado, su actuar dentro del sistema educativo virtual, la pérdida de la enseñanza activa y fundada en el diálogo, la vinculación teoría-práctica, la transversalidad, la variedad, el trabajo colaborativo y el cómo se desdibuja el cumplimiento de competencias por parte de los estudiantes.

Figura 4. Ideal del profesor como mediador o facilitador del aprendizaje.

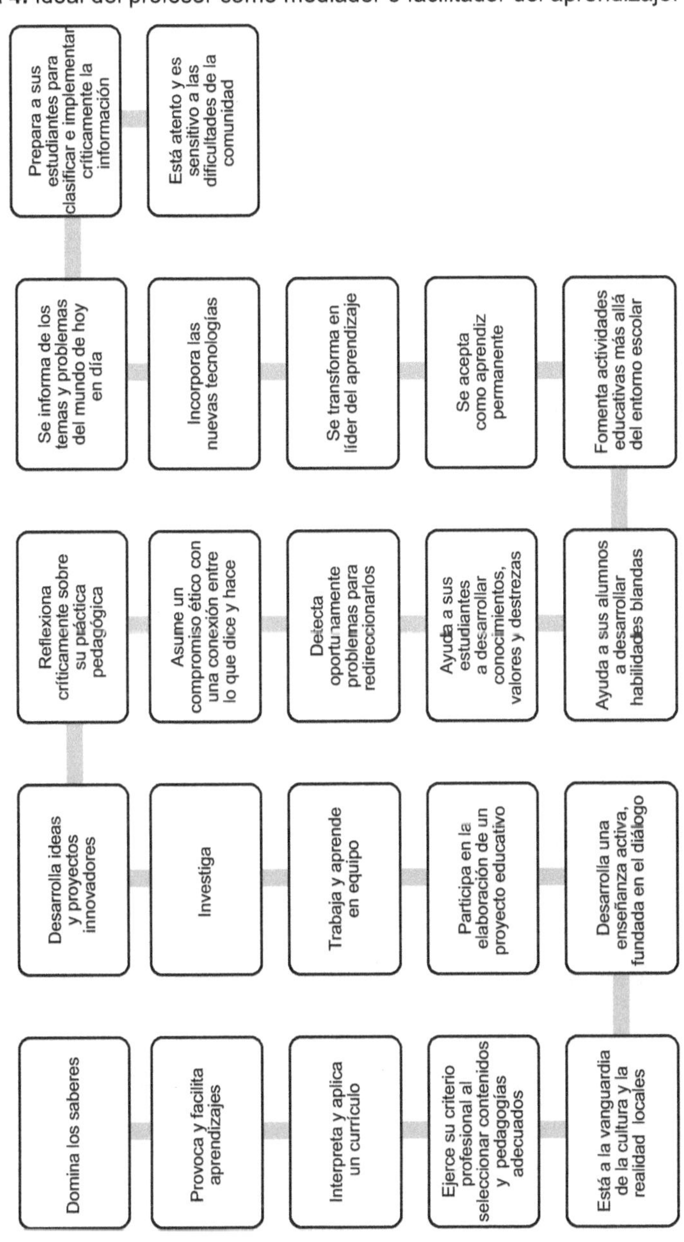

Fuente: Gutiérrez (2008).

Todas estas cuestiones afectan la práctica pedagógica, ya que ahora solo se puede seguir bajo el paradigma tecnológico y pedagógico, idealizado por una sociedad inmersa en un sistema de gestión educativa mercantil, que no se puede cambiar por su masificación.

Lo anterior evidencia claramente la necesidad de que los docentes en modalidad virtual interactúen como mediadores pedagógicos que apoyen el procedimiento metacognitivo de los estudiantes, orientando la regulación de capacidades que les permitan analizar la información, resolver problemas y autorregular el procesamiento, dejando de lado el rol pasivo para pasar a un rol activo que ofrezca el apoyo para generar un cambio critico en la forma de evaluar la educación. Dentro de este marco, como docentes virtuales, se puede buscar apoyo en las estrategias de comunicación para favorecer el desarrollo cognitivo de los estudiantes, lo cual podría llegar a resaltar la importancia de realizar intervenciones y argumentaciones que faciliten el aprendizaje y las competencias en medios virtuales.

Es posible que los espacios virtuales enajenen las marcas socioculturales y den lugar a un diálogo horizontal, marginado de jerarquizaciones y posiciones de poder como el modelo pedagógico tradicionalista; o solo se vean bajo la mira institucional capitalista que busca establecer la academia como una industria que no tiene en cuenta las facultades de las personas ni busca formarlas, sino que se enfoca en brindar aprobación solo por un intercambio económico. Pero todo puede llegar a ser un lugar más apropiado para el aprendizaje si se media a través del proceso cognitivo sistémico estratégico, cuando se borren las barreras mentales que pueden impedir la construcción de un discurso común que permita la identificación clara de los problemas que se plantean en las propuestas curriculares de discusión, logrando así que los participantes transiten desde la periferia pedagógica a un lugar central en la construcción del conocimiento.

Es por esto que se necesitan definir los problemas de aprehensión de conocimiento que se presentan en las aulas virtuales en donde, a pesar del modelo lucrativo que tiene la educación virtual, los docentes no deben perder su rumbo y deberían tratar de reorientar su labor, sobre todo en entornos *e-learning* para que logren identificar las dificultades de sus estudiantes y, asimismo, puedan seguir lineamientos que los ayuden a mitigar estos inconvenientes que impiden el aprendizaje y el desarrollo de las competencias planteadas en los planes curriculares de cada asignatura y programa. Además, los docentes deberían enfocar su acompañamiento pedagógico bajo el enfoque dialógico, ya que este ofrece una condición básica para pensar de forma estratégica, lo cual no solo es un concepto empresarial o biológico, sino que orienta a que la educación conlleve a resultados que permitan expandir los patrones de pensamiento, donde la gente continuamente aprende en conjunto.

Capítulo 3
La educación dialógica como fundamento para el proceso de enseñanza-aprendizaje

La educación dialógica enfatiza la importancia del diálogo para el aprendizaje, por lo que la UNESCO (2017b) la ubica como una necesidad característica del proceso educativo que coincide con la inclusión de las dimensiones social (diálogo), didáctica (pedagógica) y mediada (tecnológica) de la educación. Freire (1970) señala la naturaleza dialógica de la persona, lo que lleva a que el término *diálogo* se use para referirse a casi cualquier tipo de interacción social en la que se intercambian palabras u otros signos entre las personas lo que, orientado a este contexto, busca involucrar a los estudiantes en sesiones sostenidas de charlas que les permitan a los oradores y oyentes explorar y basarse en sus propias ideas y las de los demás. Según Laorden y Foncillas (2019), se deben establecer espacios que se alejen de la verticalidad comunicativa en la que el profesorado está en posesión de la verdad, para así lograr un diálogo crítico, reflexivo y enriquecedor en el que se tengan en cuenta diferentes puntos de vista válidos, puesto que se basa en el respeto por los demás.

Es así como la propuesta de un modelo educativo dialógico en la educación virtual es necesaria para comunicarse y generar acciones, permitiendo el paso a la «racionalidad comunicativa» para resaltar la capacidad del argumento en la discusión y dirigir al consenso sin imponer; aspecto que, para Díaz (2014) con su análisis en conjunto de pares, posibilita la existencia de vínculos entre el desarrollo cognitivo y la creatividad, favoreciendo la formación de los estudiantes ya que, al lograr un intercambio comunicativo entre los actores del proceso educativo, se puede construir el conocimiento. Estos, de acuerdo con Zambrano, Ávila y Cedeño (2020), son una condición de aprendizaje interactivo que conlleva a una postura educativa y comunicativa que media los aprendizajes, denotándolos como dialogicidad la cual, para Arvaja y Hämäläinen (2021), es el proceso de la educación a través del diálogo mediante la praxis, la meditación y el análisis del entorno para transformarlo, lo cual es una condición indispensable para el conocimiento.

Jiménez (2014), citando a Habermas, presenta al ser humano como un individuo que tiene la necesidad de comunicarse, interactuando por diferentes medios (verbales o extraverbales) y acciones para entablar una relación interpersonal. Es así como lo dialógico se puede concebir como el conocimiento inacabado que se va construyendo con la razón comunicativa. Esto resalta la necesidad de contar con una estrategia pedagógica y dialógica en todo contexto educativo, sin importar la modalidad. La dialógica aplicada en la educación, específicamente en la modalidad virtual, invita al diálogo no como lenguaje explícito hablado, sino como la interacción de diferentes expresiones comunicativas al implementar una interanimación, desde diferentes perspectivas, que puede conducir a la comprensión mutua.

En este sentido, y tomando los aportes de Flecha (1997) y Lamas (2010), la educación dialógica es el apoyo pedagógico que no solo explora y analiza los espacios educativos en los que se establecen las interacciones y las prácticas educativas de éxito, sino también aquellos que suceden en otros espacios en los que se desarrolla un currículo y una organización escolar reproductora-hegemónica, aspecto que sigue latente en la educación virtual con el fin de buscar una metodología activa y participativa.

Dentro de la educación dialógica, la comunicación es un suceso de encuentro interactivo que permite que sus participantes logren en conjunto la producción de significados, consintiendo la reflexión y el análisis crítico que brinda el compartir sus saberes con los demás. Esto permite vivir una diversidad de momentos que construyen reflexiones bajo un principio de intercambio ininterrumpido, tema que para Zambrano y cols. (2020) se sustenta en la práctica constante de un diálogo multidimensional entre los agentes que interactúan, el flujo o la direccionalidad de la comunicación, y los escenarios donde se realiza. Díaz (2014) destaca que la cimentación de conocimientos en el aprendizaje dialógico depende de la interacción (Gómez y cols. 2020) y la importancia que los participantes le dan a esta por ser los promotores en su construcción; tema que para Lamí, Guirado, León y Rodríguez del Rey (2020) favorece la motivación, tanto individual como grupal, al acentuar la interactividad-interacción y apuntar al intercambio de aprendizajes, la formación de conocimientos y el desarrollo de habilidades.

Flecha (1997) define los siete principios metodológicos del aprendizaje dialógico, los cuales son:

1. **Diálogo igualitario**: Es la contribución realizada por todos los participantes, donde la importancia reside en los argumentos y no en el rol de la persona que los realiza.

2. **Inteligencia cultural**: Todas las personas son sujetos que han participado en la acción y la reflexión de su entorno, lo que les ha permitido tener una inteligencia coherente a la cultura de su

contexto particular. La inteligencia cultural tiene en cuenta el saber académico, la práctica y la comunicación para llegar a convenios y asentimientos cognoscitivos, éticos, artísticos y afectivos.

3. **Transformación**: Los participantes del proceso educativo son agentes que, en su constante interacción, promueven cambios en las personas y en el medio donde viven. Freire (1997) añade a este apartado que son seres de transformación y no de acomodación.

4. **Dimensión instrumental**: Este principio hace referencia al aprendizaje de instrumentos fundamentales en el proceso educativo, como lo son el diálogo, el liderazgo, las redes o la planificación, lo que Vygotski declara una fundamentación en donde todas las personas logran determinar la capacidad de utilizar el contexto de forma instrumental, para transformar su propia psicología y la marcha de su desarrollo.

5. **Creación de sentido**: Hace referencia a facilitar un aprendizaje que parte de la interacción, las demandas y las necesidades de las personas comprometidas en el proceso de aprendizaje. A través de la participación, las personas se vinculan a un espacio de relación que posibilita la opción de participar de forma activa, otorgándoles un sentido a su contexto. Incentivar a la creación de sentido mejora notoriamente la confianza y la constancia de los participantes para lograr la búsqueda de sus realizaciones personales y colectivas.

6. **Solidaridad**: A través de la creación de situaciones de aprendizaje que guían a los grupos de formación dialógica a promover relaciones horizontales, de igualdad, equilibradas y justas, todos pueden aprender de los demás, permitiendo desarrollar habilidades argumentativas que permitan confrontar los obstáculos y las barreras de la participación social. El apoyo de los compañeros es una base para comprender que la ciencia es

accesible para quien esté interesado, y es la guía para que el grupo pueda comprender los contenidos que individualmente serían difíciles de entender.

7. **Igualdad de diferencias**: Hace alusión a la igualdad real, en la que todas las personas poseen el mismo derecho de ser y vivir de forma diferente, con respeto y dignidad. En específico, hace referencia al derecho a la diversidad. Dentro de este marco, se considerará positiva la diversidad de los participantes, ya que la pluralidad de sus experiencias y conocimientos científicos beneficiarán la calidad del diálogo, eliminando prejuicios y estigmas.

Lo anterior puede sintetizarse como que la comunicación y el lenguaje, en la concepción de un modelo pedagógico, encuentran cabida hacia una pedagogía dialogante (Paguay y cols., 2020), lo que propone un modelo del aprendizaje dialógico. Este, para Ferrada y Flecha (2008), tiene como fin buscar la transformación de las propias construcciones internas subjetivas de cada uno de los que participan en el acto educativo con la interacción en la comunidad, con el objeto de que conciban la educación como la transformación interna, transformen el contexto educativo a través de proyectos conjuntos, dinamicen los sistemas de creencias en relación con la orientación de la práctica docente e interactúen en conversaciones de discusión, acumulativas y exploratorias para promover contextos de racionalidad comunicativa.

Capítulo 4
El ciberespacio educativo

El ciberespacio, desde la propuesta de Unigarro (2004), nace por la necesidad de las nuevas tendencias globales de comunicación, dando paso a un medio donde se encuentra lo virtual, un espacio sin fronteras que está al alcance de todos, en el que la digitalización y la virtualización de los objetos de la cultura material se objetivan y aportan a la reconstrucción de un saber socializado y distribuido a través de redes y medios afines. Esto evidencia la interpretación de que debe existir una relación significativa entre educación, comunicación, cultura, sociedad y, por ende, la misión que política y culturalmente se les otorgue.

Se han construido imaginarios en relación con la integración de las TIC en la educación, generando una convergencia tecnológica que, como manifiesta Castilla y Ramírez (2016), tiene su inicio en la interacción de los medios de comunicación, el aprendizaje y el conocimiento. Asimismo, se deben construir relaciones en los procesos educativos, lo que se denota como educación virtual, educación en línea o *e-learning*, la cual hace referencia, según el MEN (2020), al desarrollo de programas de formación que tienen como entorno de enseñanza y aprendizaje los medios virtuales, los cuales permiten hacer una extensión de crecimiento de la realidad.

Nicholson (2007) resume el *e-learning* como la oportunidad de aprovechar los medios tecnológicos para apoyar y mejorar la enseñanza y el aprendizaje, los cuales, para Bailey y cols. (2021), se estipulan como un entorno flexible en la web con contenidos y programas que se centran en mantener comunidades de práctica. Para el MEN (2020c), la educación virtual es una modalidad educativa a distancia que se despliega en ambientes virtuales de aprendizaje con una acción dialógica sincrónica y asincrónica, distribuidos 100 % en línea y con herramientas TIC, lo que exige una disposición de interacción con los flujos de información.

La educación en línea, sobre todo en su enfoque para el trabajo con adultos, como el que relaciona García (2020), ha crecido de manera significativa en los últimos años gracias a la demanda de opciones de estudio más asequibles y flexibles en comparación con el sistema educativo tradicional, como detalla Unigarro (2004).

La Fundación Universitaria Católica del Norte (2005), dentro de su gestión administrativa, asegura que la empresa educativa debe centrar sus decisiones en la búsqueda del bien de los estudiantes, con el objeto de evitar la deserción y orientarse a lograr la fidelidad del cliente, lo cual se puede proyectar al ofrecer:

- **Flexibilidad**: Se le ofrece a los estudiantes, sobre todo a aquellos que ya están comprometidos con el trabajo o la familia. Con los cursos en línea, se pueden tomar clases y responder a sus compromisos académicos con un alto desempeño de modo sincrónico y asincrónico, pero con facilidades para hacer la elección de tiempo y espacio de acuerdo a sus propias necesidades.

- **Costo-beneficio**: Los cursos y los programas en línea tienden a ofrecer opciones de aprendizaje más económicas que las opciones educativas tradicionales. Esto significa que inscribirse en un curso en línea ofrece a los estudiantes la oportunidad de ahorrar más matrículas y campamentos de entrenamiento a la vez que disfrutan de una mayor flexibilidad.

- **Métodos, herramientas e instalaciones de enseñanza**: Cada vez más estudiantes se entusiasman con la idea de buscar educación en línea. Por lo general, los cursos de hoy ofrecen experiencias que se adaptan para satisfacer las necesidades de cada estudiante. Pero, a pesar de que es más fácil ofrecer lecciones teóricas, a menudo es desafiante realizar clases prácticas en línea. Incluso cuando se llevan a cabo lecciones prácticas, no pueden proporcionar la experiencia individual como lo haría el sistema educativo tradicional.

- **Interacción social**: La educación en línea debe brindar una oportunidad para que profesores y estudiantes interactúen entre ellos a través de un portal en línea o *software* de videoconferencia de forma sincrónica y asincrónica, para cumplir con los objetivos del curso.

- **Estrategias de autodisciplina**: El éxito del estudiante depende de su nivel de compromiso, por lo tanto, siempre es importante que los estudiantes elijan las opciones de estudio en función de su desempeño general. La educación en línea puede ser ideal para aquellos que están motivados por sí mismos y son capaces de priorizar tareas y establecer plazos. Sin una organización o un plan adecuado, un estudiante que tome clases en línea podría tener un rendimiento bajo a largo plazo.

Con las oportunidades colaborativas y dialógicas que brindan las TIC, y su aporte a la acción andragógica que, según García (2020), puede promover la participación activa de los involucrados para orientarse a la superación de las debilidades que poseen al inicio de sus vivencias, las mismas pueden verse como un soporte para la educación virtual, según el planteamiento de la UNESCO (2017b). Esta modalidad tiene el reto de trascender las formas instrumentales de la educación tradicionalista para ser un entorno mediado a través de la tecnología, la accesibilidad y la usabilidad, lo cual permite la transmisión de los flujos de información académica que la sociedad actual necesita y que deber estar apoyada en un modelo pedagógico institucional que proponga los mecanismos entre los que se delinean puentes para que la relaciones entretejidas en el acto educativo y pedagógico sean posibles. En este proceso, el trabajo dialógico puede ocurrir entre los diferentes actores sociales que participan en el hecho educativo, con una intervención didáctica mediada por el entorno de participación (Zambrano y cols., 2020).

Es así como la educación virtual vincula entornos virtuales de aprendizaje (EVA), los cuales son espacios alojados en la web que poseen herramientas informáticas para que, por medio de la interacción didáctica, como expresa Lamí y cols. (2020), el usuario pueda acceder a ellos y desarrollen procesos de incorporación de habilidades y saberes. Salinas, citada por Álvarez, Avello y López (2012), señala que las características de una EVA correctamente estructurada debe cumplir con lo establecido en la Figura 5.

Figura 5. Características de una EVA correctamente estructurada.

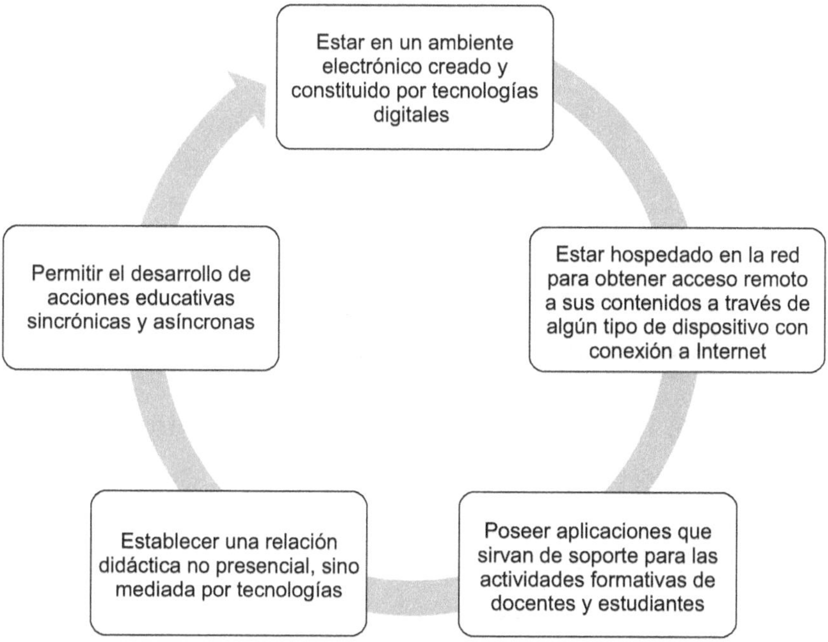

Fuente: Salinas, citada por Álvarez y cols. (2012).

Los EVA, como ambientes educativos, ofrecen canales de comunicación asíncronos. La manera en que los actores del proceso educativo virtual se comunican entre sí es uno de los principales temas que centra la atención, ya que no se establece una interacción presencial ni tampoco en tiempo real en varias ocasiones, pero sí emplea diversos métodos para lograrlo de manera eficaz. De allí surge el concepto de comunicación asincrónica, la cual se efectúa a través de canales de comunicación no inmediatos como lo son el correo electrónico o los foros.

Capítulo 5
Caracterización de los recursos en la modalidad de la educación virtual

Gestión de la cadena de control en la modalidad de la educación virtual

En la modalidad de la educación virtual es necesario contar una cadena de control de recursos que va desde el proceso de diseño, pasa por la gestión, producción, distribución y, finalmente, hace uso de materiales/recursos, todo desde un enfoque interdisciplinario institucional, social y reglamentario, regido a nivel nacional para su presentación legitima y normativa.

Expertos como Escudero (2018), la Fundación Universitaria Católica del Norte (2005), Ferrada y Flecha (2008), entre otros, indican que los contenidos son el punto clave para llevar esta cadena de control a buen término. Asimismo, para su desarrollo efectivo, se encuentran apoyados por cuatro componentes: tecnológico, pedagógico, comunicativo y organizacional. Cada área cumple un rol estratégico en la consolidación de una relación interdisciplinaria para lograr el diseño de contenidos, ya que estos son la clave en todo proyecto de formación.

En el marco de este enfoque interdisciplinario, toda institución debe orientar su proceso de virtualización de contenido en fases que permitan hacer una propuesta contextualizada a sus estudiantes y así se pueda hacer una intervención pedagógica idónea, la cual pueda ser transmitida a través de un plataforma tecnológica como medio y que, como ratifica la Fundación Universitaria Católica del Norte (2005), el énfasis se dé no solo en los escenarios con recursos educativos digitales, sino también en el paso hacia la intervención basada en la gestión del diseño instruccional y didáctico de contenidos de aprendizaje, con el fin de mantener bien asociados varios de los elementos de la red.

Figura 5. Elementos necesarios en el aprendizaje en red.

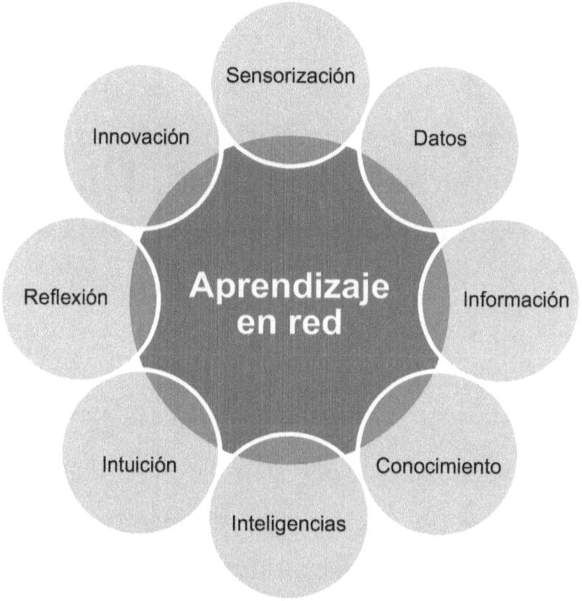

Fuente: Escudero (2018).

Reconociendo los entornos virtuales de aprendizaje. Learning Management System (LMS)

Ferrada y Flecha (2008) definen los LMS como una aplicación de *software*, basada en la web, que está diseñada para manejar el contenido del aprendizaje, la interacción de los estudiantes, las herramientas de evaluación y los informes del progreso del aprendizaje y las actividades del alumno. Técnicamente es una interfaz de usuario o plataforma tecnológica que permite a los usuarios (docentes, estudiantes, administradores, etc.) ver e interactuar con herramientas de aprendizaje a través de navegadores web, utilizando cualquier sistema operativo, computadora o dispositivo móvil.

Como lo presentan Kasim y Khalid (2016), en la actualidad existen dos tipos de plataforma LMS: las plataformas comerciales que se desarrollan de manera centralizada, cuya gestión de desarrollo va enfocada según las exigencias del productor, conceden su uso según las políticas comerciales determinadas, se ofrecen de manera cerrada sin posibilidad para el usuario de acceder al código para modificarlo ni corregir los posibles errores, y tienen un costo vitalicio o por arriendo; y, por otro lado, las plataformas de código abierto que se desarrollan de manera distributiva y colaborativa, con el aporte de varios desarrolladores a través de internet, cuyo uso es gratuito y con libertad de distribución, además de ofrecer la opción de modificación libre (en un escenario de desarrollo por un experto).

La plataforma LMS se puede seleccionar de forma libre por parte de la universidad, aunque se puede ver una tendencia que apunta a un buen soporte, el cual es brindado por LMS comerciales. Pero, sin importar la elección, un LMS básico debe ser un *software* para el manejo y la administración de ambientes virtuales de aprendizaje, con funcionalidades para la administración y la gestión de cursos, usuarios (discriminación por roles y perfiles), recursos, implementación de material multimedia, calificaciones, mensajería instantánea e integración con redes sociales. Kasim y Khalid (2016) sugieren que las características mínimas de un LMS deben evidenciar un sistema basado en la nube, que sea flexible y fácil de usar, capaz de integrarse con otros sistemas, accesible, que permita la interacción sincrónica y asincrónica, que sea capaz de ver quién está en línea, administrar información personal y privada, que sea capaz de enviar y recibir mensajes personales con otros usuarios, ofrezca la gestión de roles, almacenamiento de archivos, que soporte la recurrencia y, sobre todo, que sea seguro.

De modo que, como principales factores característicos de un LMS, se listan los siguientes:

a) **Administración de usuarios**: El LMS debe permitir administrar los diferentes usuarios que interactúen con la plataforma independientemente de su rol (administradores, docentes, estudiantes, invitados, entre otros) o los permisos configurados por el administrador general.

b) **Administración de cursos**: El LMS debe permitir administrar los diferentes programas académicos a través de la configuración de cursos o espacios virtuales; y dentro de cada espacio debe permitir hacer múltiples que posibiliten agregar los contenidos y recursos necesarios para el proceso académico, como:

- **Anuncios**: Información de interés para los participantes que hacen parte del aula virtual. Son un medio de comunicación unidireccional emitidos por parte de profesor o tutor virtual, referenciando algún aviso importante común a todo el grupo de estudiantes.

- **Tareas**: Son las actividades académicas que se desarrollan en el interior del aula virtual. Dichas actividades pueden ser o no calificables, y se configuran teniendo en cuenta las instrucciones dadas por el docente (escala de calificación, aplicación de rubrica, método de envío, subida de archivos multiformato, opción para impedir la subida de tareas fuera del plazo establecido, realizar retroalimentaciones de cada una de las tareas subidas por los estudiantes).

- **Foros**: Actividades académicas que se desarrollan en el interior del aula virtual. Dichas actividades pueden ser o no calificables, y se configuran teniendo en cuenta la temática del foro, si es o no grupal y/o calificable, fechas límite de participación, archivos adjuntos, entre otras. El sistema debe permitir crear diferentes tipos de foros comunes en las aulas virtuales, tales como: solo lectura, participación o temas independientes. Además, permite configurar tiempos de acceso, participación y retroalimentaciones.

- **Calificaciones**: El LMS, como uno de sus principales factores de control, debe permitir visualizar las calificaciones obtenidas por los estudiantes en las diferentes actividades en tiempo real. El control de notas debe dejar ver de forma clara el ID del estudiante, nombres y apellidos, actividades con su correspondiente nota y el promedio general de la nota final.

- **Listado de grupo**: El LMS debe permitir visualizar las personas que se encuentran inscritas y que tienen acceso al aula virtual.

- **Programa del curso**: El plan de estudio debe ser claro y comunicado de forma oportuna a los estudiantes, ya que es la ruta de trabajo que llevará cada estudiante en el desarrollo del curso.

- **Evaluaciones**: Como mínimo, un requerimiento esencial para un LMS adecuado es la opción de crear exámenes con preguntas idóneas. Esta opción debe permitir configurar la asignación de calificación máxima, cantidad de preguntas que contendrá el examen, tiempo para su desarrollo y orden de las preguntas y respuestas.

- **Secciones**: Se usan dentro del aula virtual para organizar el contenido del curso por ejes o cualquier otra distribución en la que funcione el aula virtual. Con las secciones, se está básicamente creando un camino unidireccional de lo que el docente quiere que sus estudiantes realicen.

- **Conferencias, videoclases**: Es un factor esencial en la educación virtual, ya que es el espacio de encuentro participativo por parte de los estudiantes y los docentes, donde se pueden aclarar dudas por videollamada. Este espacio debe permitir establecer la duración, una descripción, agregar miembros, archivos, información de interés, etc.

- **Chat**: Esta opción puede utilizarse para dialogar, de manera escrita, en tiempo real en un aula virtual. Cualquier usuario puede empezar una conversación de chat.

- **Objetos virtuales de aprendizaje (OVA)**: Son un conjunto de recursos digitales, autocontenibles y reutilizables que tienen el propósito de transmitir contenidos, actividades de aprendizaje y elementos de contextualización para el desarrollo de cada uno de los módulos a desarrollar. La unidad virtual puede presentar OVA como material de apoyo para revisar los contenidos del curso.

c) **Infraestructura tecnológica**: Como cualquier sistema de información tecnológico, un LMS debe contar con una infraestructura tecnológica organizacional, la cual es el conjunto de sistemas (físicos y lógicos); así como la debida gestión para su control (procesos, herramientas, de medición de rendimiento, de seguridad, sistemas operativos, etc.) que permita el adecuado funcionamiento de la plataforma académica para cada uno de los usuarios de la institución.

Belloch (2012) sostiene que, como principales características técnicas, la plataforma para garantizar la solidez y estabilidad de los procesos de gestión y de enseñanza-aprendizaje debe contar con:

- la infraestructura tecnológica necesaria para su accesibilidad;
- un adecuado acceso y mantenimiento;
- un servicio de soporte para apoyar el desarrollo de conocimientos técnicos precisos para su utilización;
- usabilidad de su interfaz;
- control de seguridad y accesibilidad a los procesos y los contenidos;
- gestión eficaz de los cursos ofertados;
- seguimiento oportuno de los alumnos;
- posibilidad de mantenimiento y actualización de la plataforma.

Cualquier plataforma *e-learning* debe contar con una adecuada infraestructura funcional para ofrecer los servicios que promuevan los beneficios disponibles dentro del LMS de forma oportuna. Para definirla, se debe tener en cuenta, dentro de su propuesta mínima de requerimientos, si es en la nube (*software* como servicio o SaaS) o como instalación local en un servidor dentro de una oficina con infraestructura propia (*on-premise*). De esta manera, se puede hacer la definición de servidores, fuentes de alimentación, interfaces de red, comunicación entre servidores, *access points*, manejo de seguridad, sistemas operativos, servicios, etc.

Y, finalmente, como recurso primordial en la modalidad virtual, están los expertos cualificados para diseñar, crear y administrar los contenidos dentro de cada una de las aulas. Esta fase no debe estar a cargo solo de docentes, sino de una gama de agentes capacitados en diferentes líneas creativas, académicas y profesionales que tengan presentes las necesidades instruccionales, institucionales, orientaciones pedagógicas y evaluativas que llevarán cada uno de los espacios virtualizados. Si la institución no cuenta con este grupo de especialista, internos o externos, será muy complejo llevar a cabo un proceso de educación en modalidad virtual.

Capítulo 6
Estrategias didácticas para la enseñanza virtual

Por lo vivido en la pandemia y como lo presentan Mishra, Gupta y Shree (2020), las instituciones de educación a nivel mundial están bajo las presiones políticas, económicas, sociales y tecnológicas para responder a las necesidades de los estudiantes y su preparación para asumir los roles sociales futuros. Este tema también ha venido presionando a los docentes quienes, como los presenta Tyton (2020), se ven obligados a migrar de las clases tradicionalistas a adaptarse a nuevos entornos de aprendizaje más interactivos, donde se integra la tecnología, la experiencia de aprendizaje y las estrategias de aprendizaje adaptadas a las necesidades del grupo objetivo.

Gracias a estos últimos cambios y a una trayectoria de propuestas educativas, CAF (2020) relaciona que las academias han sufrido cambios en sus preconceptos, posturas científicas y educativas. Gracias a la sociedad globalizada, en constante crecimiento, versátil y cada más estricta, los centros educativos afrontan desafíos que, inevitablemente, involucran cambios en sus estándares internos de formación, debido a que, en la actualidad, las personas que transitan por etapas académicas en cualquier centro educativo deben dar respuesta a diversas necesidades del entorno social y enfrentarse a retos que antes no se habían presentado.

En los centros educativos, Bailey y cols. (2021) proponen el rol del docente como el actor principal del cambio que se requiere, y este depende cada vez más de las herramientas de las que dispone para llevar a cabo correctamente su trabajo. La labor docente mejora, de forma notoria, de acuerdo con las estrategias didácticas empleadas, las cuales son los procedimientos o los recursos utilizados para suscitar aprendizajes significativos en la formación de sus alumnos. Cabe aclarar que, en la actualidad, ya no es suficiente tener una excelente cátedra de exposición sobre los temas de su currículo, ni basta contar con competencias digitales del profesorado, sino que el rol docente debe contar con estrategias didácticas de enseñanza-aprendizaje.

Si el docente en el aula aplica de manera adecuada las estrategias didácticas, puede mejorar en la práctica profesional, logrando que los estudiantes alcancen un adecuado progreso exponencial de su potencial académico. Por ello las estrategias didácticas deben trabajar diversas herramientas que permitan desarrollar el pensamiento analítico y crítico de los estudiantes, siempre y cuando relacionen las características detalladas en la Figura 7.

Figura 6. Características de las estrategias didácticas de enseñanza-aprendizaje

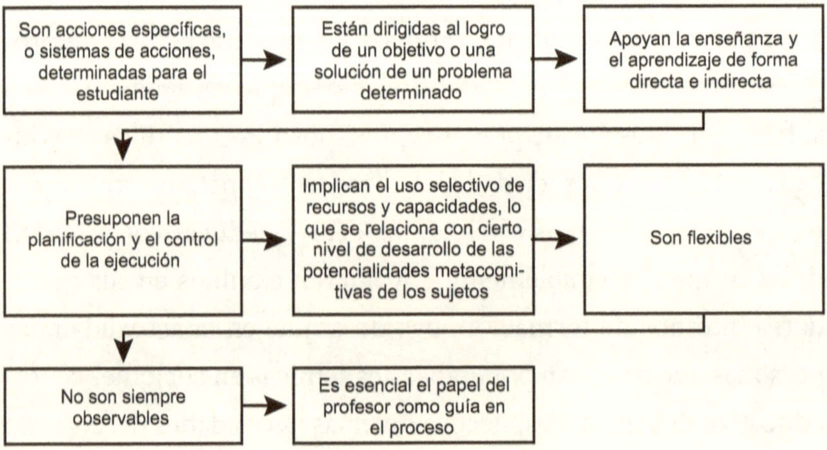

Fuente: Elaboración propia.

Consecuentemente, cada una de las características revisadas en este numeral, si son operadas de manera adecuada, permiten aprovechar los potenciales pedagógicos del uso de los aspectos comunicativos de las TIC, así como los elementos que influyen en su éxito. Pero es preciso aclarar que incorporar este nuevo diseño de entorno virtual no garantiza la interacción adecuada, la colaboración, ni la cimentación de conocimiento, puesto que estos factores dependen de forma directa de la persona y su respectivo rol.

El foro como herramienta metodológica para el acompañamiento

Las teorías del aprendizaje, desde el conductismo (Skinner, 1981) hasta el aprendizaje social, han pasado por las corrientes cognitivas y constructivistas, adoptando una perspectiva psicológicamente básica y, aunque algunas ya toman en cuenta las interacciones, ahora destacan las relaciones interpersonales que entran en la imitación y el modelado que se centran en el estudio de los procesos cognoscitivos, por lo que la observación es una fuente de aprendizaje.

Wenger (1998) propone una teoría social del aprendizaje, ligada casi contractualmente con las comunidades de práctica, cuya conceptualización se desarrolla para explicar las formas en las que se presentan el aprendizaje y la generación de conocimientos al interior de dichas comunidades. Estos aspectos pueden ser evidenciados en los foros ya que, con la participación, sus integrantes comparten experiencias y competencias, en términos de relaciones mutuas, con respeto por el tema que los convoca y que consideran una necesidad a comprender, tomándolo como un compromiso por el reconocimiento del otro y su capacidad de negociar significados.

La investigación realizada por Coll, Bustos y Engel (2011), en la que se plantea y definen unos perfiles de participación y presencia docente en los espacios de aprendizaje colaborativo asíncronos, evidencia que se pueden consolidar comunidades de aprendizaje, cuyo objetivo es hacer una propuesta multimodal para dar cuenta de los aprendizajes que tienen lugar a partir de las interacciones que se realizan en las redes. En este estudio se plantea el análisis estructural (Interacciones, participaciones), ARS y el análisis de contenido como soportes teóricos para el análisis multimodal.

Los fundamentos teóricos que apoyan este tipo de aprendizaje, como participación social, hacen parte del contexto y de la experiencia misma del ser humano, convirtiéndose en un ingrediente fundamental de la práctica social que destaca la participación no solo como talla y concepto que da forma a lo que se hace, sino que además configura quién se es, cómo se interpreta eso que se es y eso que se hace. Para esto es necesario caracterizar la participación social como un proceso que implica aprender y conocer, para identificar en la teoría social del aprendizaje el desarrollo de cuatro componentes, entre los que encontramos:

- El significado como construcción de sentido por parte de un individuo al experimentar la vida y el mundo.
- La práctica en donde los participantes crean puntos de enfoque en torno a los cuales se organiza la negociación de significado. Y, en este proceso, se producen cosas tales como abstracciones, símbolos, artefactos, relatos, conceptos, etc.
- La comunidad conformada por miembros que pueden comprometerse mutuamente, reconociéndose como participantes en ese contexto.
- En la identidad se relaciona el cambio que produce el aprendizaje sobre quien se es y de cómo se crean historias en el entorno de las comunidades. La identidad es un proceso individual-social.

Lo anterior se relaciona en el trabajo de Bohórquez, Rodríguez, Vega, Roja y Barbosa (2016), donde se permitió dar cuenta de la estructura de la red y las interacciones que se configuran en la comunidad, resaltando mediante un análisis de redes sociales los índices de densidad y de cohesión de las particiones. Así se demostró que las discusiones propuestas en los foros construyen aprendizajes y potencian el desarrollo de competencias de acuerdo a los objetivos trazados en los diseños pedagógicos en la educación virtual, lo que permite dejar como premisa que usar practicas dialógicas, así como lo declaran Zambrano y cols. (2020), y Ferrada y Flecha (2008), dando un punto para consolidar comunidades de aprendizaje en propuestas asíncronas en educación virtual, originan interacciones entre los actores y los recursos, dirigidas a transfigurar las propias reconstrucciones intersubjetivas de quienes participan en el hecho educativo.

Si se crea una lista de habilidades básicas requeridas para el aprendizaje en la formación, sería la siguiente:

Figura 7. Habilidades básicas para el aprendizaje permanente.

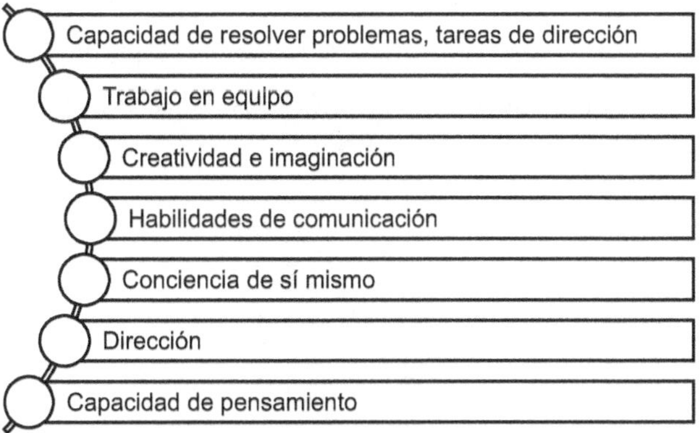

Fuente: Elaboración propia.

Estas son capacidades que pueden desarrollarse en la modalidad virtual mediante los diferentes recursos que se comparten, pero en especial en los espacios que permiten las posibilidades de procesos colaborativos, interacciones, mediaciones, articulación de ideas y opiniones desde diferentes fuentes de discusión para promover el aprendizaje, como los foros. Castro, Suárez y Soto (2016) los señalan como zonas para diálogos académicos que favorecen el desarrollo del pensamiento crítico estratégico a partir de la plática.

Dentro de este tipo de recursos en las aulas virtuales, se puede ver la finalidad de la dialógica ya que son espacios para debatir, lo que para Lamas (2010) es un modelo educativo basado en el diálogo continuo que permite la creación formal de un clima de discusión abierta y democrática a través del diálogo, el cual debe ser motivado por el docente.

En resumen, los foros virtuales forman un espacio apto para el fomento de espacios colaborativos entre los estudiantes, bajo una atemporalidad asíncrona que conlleva a que cada participante reconozca las contribuciones de los demás, reflexione sobre ellas y construya sus aportaciones según su propio ritmo de aprendizaje. En este proceso participativo, se origina la construcción situada del conocimiento por parte de cada alumno como consecuencia de ese proceso dialógico social, en el cual el grupo realiza una negociación conjunta del significado de los contenidos que se contienden en el foro.

Capítulo 7
Calidad en el proceso educativo

La educación en la actualidad es un factor fundamental en cada nación, por esto se relaciona de manera tan puntual en la Agenda 2030 UNESCO (2017a) con la inclusión del objetivo específico 4 (ODS 4) consagrado a la educación y metas relacionadas en otros siete ODS. Es así como, a través de la UNESCO-UIS (2018), se propone hacer un seguimiento de las garantías de una educación inclusiva, equitativa y de calidad, donde se promuevan oportunidades de aprendizaje durante toda la vida para todos, lo cual es el aspecto planteado en la Agenda 2030.

Pero aun sabiendo que este objetivo consta de diez metas que sirven para orientar a los países en el camino de la transformación hacia una agenda de educación sostenible, con el paso del tiempo la educación ha presentado diversos conflictos en el establecimiento de su definición y valoración; tema que, a pesar de su relevancia actual, no cuenta con claridad qué es y sí en realidad existe o no (Lemaitre, 2018). Esta postura se evidencia en la diversidad de los gobiernos puesto que, dependiendo de su estatus, la calidad se puede interpretar desde diferentes puntos de vista, enmarcándola principalmente en las normas para asegurar la gestión y el control del enfoque sistémico empresarial que, en palabras de Navarro (2006), se define como un conjunto de políticas básicas para proyectarse a la efectividad. Ornelas (2020), en tanto, concuerda al relacionar la calidad como la optimización de tiempos, recursos y esfuerzos a través de la rentabilidad y rendición de cuentas (que puede llamarse *accountability*); lo que, según Lemaitre (2018), lleva a que la calidad sea una consistencia enfocada en los procesos y que se puede resumir en la necesidad de cumplir con las especificaciones determinadas.

Lo anterior es solo una parte de la esencia de la calidad educativa, puesto que este concepto abarca el camino donde la educación es uno de los elementos prioritarios para cualquier Estado y debería ser simbolizada como una filosofía de competitividad (Granados, 2013). Este concepto tiene su apoyo en el enfoque de desarrollo social, el cual define la calidad en la educación como el objetivo de facilitar el proceso de formación académica en instituciones, en aras de enaltecer su calidad humana, cultura general, fundamentos científicos, argumentos razonados, experiencias dirigidas, valores y principios universales, y así aportar un conjunto de nuevos saberes y/o perspectivas a la sociedad. Estos aspectos han sido evaluados por Tibocha (2013), quien relaciona que el concepto de calidad educativa debería ser tomado como una política pública que instaure su aplicación como factor primordial de la formación básica, orientada a tener una trazabilidad estable para llegar a un nivel de maduración que sea variable en cada plan decenal de educación propuesto en los cambios de gobierno; orientada también a la inversión investigativa y de acompañamiento en el desarrollo de procesos de enseñanza-aprendizaje y que no solo sea una aprobación de cursos.

Asimismo, desde los aportes de Watters y Hanf (2015), el aseguramiento de la calidad en educación debería cumplir el objetivo de apoyar procesos y procedimientos que garanticen una buena formación que, desde la parte vocacional y de entrenamiento, tenga las características de:

- responder a las necesidades individuales, sociales y del mercado laboral;
- tener un reconocimiento y aval del título a nivel nacional o incluso internacional;
- proporcionar acceso a empleos decentes y empleo sostenible;
- ser atractivo, inclusivo y accesible;
- fomentar capacidades que permitan la progresión hacia un mayor aprendizaje.

Es por esto que las políticas educativas de los sistemas nacionales necesitan contar con un respaldo de liderazgo efectivo, y una visión de calidad y planificación que cuente con recursos adecuados, estrategias y compromiso de múltiples partes interesadas.

Lo expuesto relaciona un significado de calidad que se tergiversa en el proceso educativo, siendo reemplazado por un factor de indiferencia a las necesidades globales que tiene la sociedad de tener gente capacitada en la nueva generación del conocimiento, y que solo responde a esquemas prediseñados para manifestar calidad instruccional y estructural. En ausencia de elementos generadores de educación con calidad humana, forman una sociedad que prefiere no incomodarse ante los cambios necesarios para ver una verdadera calidad educativa.

Por lo anterior, es necesario que la sociedad comprenda que la calidad educativa debe potenciar y aprovechar el entorno de la educación, aspecto que, para la UNESCO (2016), se expresa en cinco dimensiones: equidad, relevancia, pertenencia, eficacia y eficiencia.

Las primeras tres dimensiones describen lo esencial de todo esfuerzo educativo: las personas con las que se trabaja, los objetivos que se persiguen, y el mandato ético de que esos objetivos sean alcanzados por todos y todas. Las últimas dos dimensiones se relacionan más directamente con la forma de ejecutar las acciones de manera responsable para, por un lado, alcanzar las metas propuestas pudiendo dar cuenta de ello, y por otro, hacerlo haciendo uso apropiado de los recursos, siempre escasos y muchas veces públicos (pp. 9).

Es así como, abarcando una definición en la teoría general de sistemas para tomar el proceso educativo y las dimensiones de la UNESCO (2016), se observa el proceso educativo como un sistema adaptativo complejo (SAC; Figura 9), constituido en el sentido de que es heterogéneo, con varios subsistemas interconectados y adaptativo porque posee la capacidad de cambiar y aprender de la experiencia.

Figura 8. Sistema adaptativo complejo de la educación.

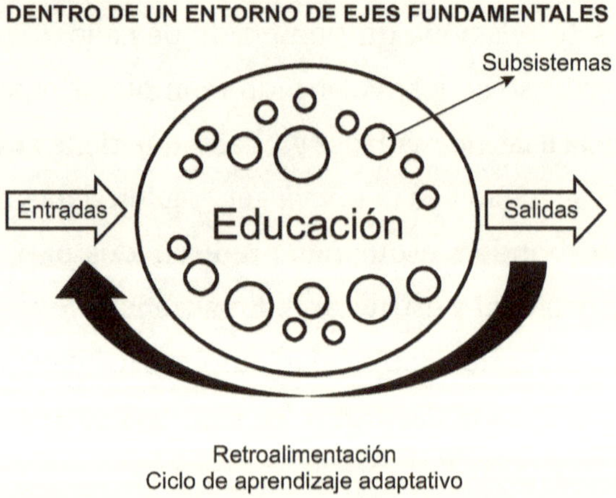

Fuente: Elaboración propia.

Son indiscutibles los beneficios que los análisis de la calidad total han traído a la práctica educativa (Olguín, 2020) ya que, como comenta CRES (2018), establecer controles adecuados para medir la efectividad de la gestión educativa han llevado a repensar la educación superior, reafirmando el principio de que la educación superior es un bien público, social, estratégico y un deber del Estado.

Es así como la actitud sistémica permite ver la institución educativa como un todo unido a su medio socioeconómico. Dentro de este contexto, es necesario que la educación establezca sus fuerzas para que tenga un equilibrio interno y con su entorno, el cual permita fortalecer la estructura que determine los aspectos específicos de cada institución para garantizar el buen funcionamiento del sistema educativo, lo que permite enfrentar las brechas de la calidad educativa como los conocidos inconvenientes que plantea Guevara (2013), donde es necesario proponer una educación de equidad e inclusión para promover oportunidades de aprendizaje para todos.

A pesar del esfuerzo por enfrentar dichos problemas, la UNESCO (2016) describe que las dificultades de hoy no son una crisis de la educación, sino de la academia tal como ha sido pensada y construida hasta ahora, conllevando pocos avances gracias a que no se toma la educación como un eje de desarrollo sostenible, cuyo éxito depende de que las personas vinculadas adquieran conocimientos pertinentes a su entorno social y logren desarrollar actitudes positivas para afrontar los desafíos de un mundo cada vez más globalizado.

Es por esto que es necesario implementar diferentes métodos o disciplinas que permitan realizar una valoración reflexiva para enfocar y examinar el proceso de la educación, como es el caso de la educación comparada, que tiene como objetivo principal mejorar la educación al conocer cuál es la situación real de cada uno de los sistemas educativos de diferentes países, y así poder determinar buenas prácticas que permitan buscar soluciones a los problemas que enfrenta la estructura de enseñanza. De esta manera, se lograrán implementar pasos sistémicos para implementar un instrumento que permita la elaboración y ejecución de políticas educativas que sirvan para conocer y comprender la actuación educativa de diversas sociedades y que, mediante esos conocimientos adquiridos, se pueda llegar a una adecuada comprensión del sistema propio (Tibocha, 2013) que evalúe las principales tendencias de la educación mundial para adquirir una visión general que permita conformar futuros educativos mejores.

Los sistemas de gestión de calidad educativa como una estrategia de desarrollo

Según los aportes de Muga y Sotomayor (2017), la gestión de la calidad dentro de una institución se encarga de las estrategias y el quehacer de las instituciones, los cuales no necesariamente son un objeto de evaluación sistemática, pero sí deben verse como las estrategias de aseguramiento para la existencia de umbrales mínimos de calidad en la prestación del servicio educativo. Es por esto que, en la implementación de sistemas de gestión de calidad educativa (SGCE), es necesario impulsar diferentes características básicas del contexto para denotar que tener calidad conlleva cambios necesarios que quizá afecten los intereses de algunos. Actualmente, la tarea de los países de América Latina es construir no solo un nuevo sistema escolar con calidad, sino un nuevo sentido común compartido para la educación (Tiana, 2012) que permita alcanzar las características de un SGCE eficiente y favorable para su comunidad, lo cual se puede lograr si se involucran las autoridades estatales, docentes, estudiantes y sociedad en general.

Estos cambios que se proponen, con la implementación de educación enfocada en la calidad, deben instaurarse con estrategias gubernamentales que favorezcan y ayuden al desarrollo de las personas involucradas, los cuales se pueden tomar de modelos ideales de gestión estratégica no solo en los ambientes presenciales de educación, sino que también se puedan brindar en la modalidad virtual aprovechando el conectivismo, para que se favorezcan a quienes lo necesitan y así se puedan suplir las necesidades de la dimensión técnico-pedagógicas.

Es así como se puede plantear que todo sistema debe estar bajo un modelo de sostenibilidad que busque la evaluación de un sistema educacional, el cual toma tres dimensiones para su desarrollo y sostenibilidad e incluye:

Figura 9. Modelo de sustentabilidad de la educación con calidad.

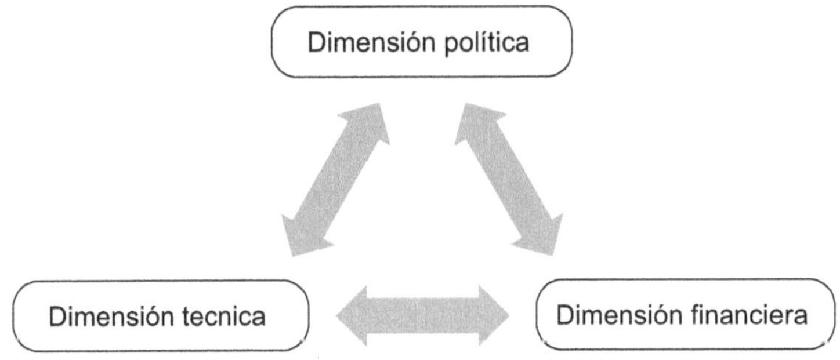

Fuente: Elaboración propia.

Cada dimensión depende de la otra para que la sociedad logre un apoyo en el avance de los sistemas educativos de calidad, los cuales permitan reconstruir un nuevo mundo posible en donde se pueda dar un reconocimiento verdadero a la educación como producto de la operacionalización y exigibilidad de los derechos económicos, sociales y culturales que, si se llevan con equidad y calidad, pueden generar un resultado favorable para cualquier entorno social.

Conclusiones

La modalidad virtual es un nuevo modelo de educación a distancia que, según la UNESCO (2017b), se caracteriza por la interacción generalmente prorrogada en el tiempo y retirada en el espacio entre docentes y estudiantes, prestada con recursos para el aprendizaje y un sistema de tutoría que proporcionan el aprendizaje independiente de los participantes. Dentro de esta modalidad, se pueden brindar grandes ventajas a los usuarios para favorecer su proceso educativo, el cual debe estar estructurado de forma adecuada junto con la infraestructura tecnológica, lo pedagógico y lo comunicativo, convirtiéndose en un nuevo espacio presente y dinámico de reflexión. En este se relacionan diferentes modelos pedagógicos partiendo del paradigma de la educación existente transmisiva-receptiva, dando paso a un nuevo paradigma educativo que genera cambios a nivel escolar con sus experiencias de aprendizaje y enseñanza sobrellevados y mediados por la tecnología.

El aula virtual se define y diseña de tal manera que puede ayudar a los estudiantes a seguir un curso desde cualquier parte del mundo sin ser parte de los métodos de enseñanza tradicionales. Albornoz (2018) señala que este modelo educativo es una nueva tendencia virtual que lleva a cambios drásticos en el manejo del problema del conocimiento, convirtiendo la educación en un entorno de enseñanza basado en la web que se puede crear con la ayuda de un *software* especializado para crear las aulas virtuales.

Teniendo en cuenta lo anterior, los programas virtuales, fundamentados en la coyuntura social, política, educativa y económica reflejada en los planes de desarrollo de la región y la planeación nacional del país, son una opción de fortalecimiento a la mejora de las necesidades del entorno, el cual debe superar y afrontar desafíos y rigideces en constante adaptación a hechos demandados en los contextos educativos y tecnológicos (Jara, 2015). Para ello, y como destaca Bailey y cols. (2021), es necesario tener presente fundamentos teóricos de los componentes institucionales de formación tales como:

- flexibilización y gestión curricular;
- niveles de formación;
- componentes de formación;
- áreas de formación;
- asignaturas;
- reglamentaciones nacionales;
- evaluación formativa.

Además, se necesita un enfoque que favorezca ciertas características claves en los estudiantes como las siguientes:

Figura 10. Características para una educación en modalidad virtual.

Flexibilidad	• Permite a los alumnos y profesores de cualquier parte del mundo comunicarse entre sí para un curso en particular. Pueden interactuar en un momento conveniente para la educación: la ubicación y la distancia no serán un obstáculo. Además, pueden usar su tiempo libre para el aprendizaje ya que no necesitan unirse físicamente al aula.
Comodidad para el estudiante	• Como aprenderá en cualquiera de sus lugares convenientes, no tendrá que pasar por las molestias de viajar y esperar. Simplemente puede utilizar su dispositivo para unirse a la clase; esto le ahorrará tiempo y dinero.
Accesibilidad	• Las aulas virtuales son de fácil acceso. Simplemente se puede hacer una investigación en línea sobre las opciones disponibles y luego se puede ampliar la misma sobre la confiabilidad y la eficacia del curso para, luego, unirse a la clase. Es más fácil y flexible.
Rentabilidad	• No es necesario gastar mucho dinero para unirse a un curso virtual, a diferencia de lo que normalmente espera con la enseñanza tradicional.

Fuente: Elaboración propia.

Una de las principales críticas de los cursos en línea es que son de baja calidad como se reveló en el estudio anual de Protopsaltis y Baum (2019), donde se muestra una baja percepción del aprendizaje en línea incluso por parte del profesorado en 2013 y 2014, tema que también se refleja por parte de los estudiantes en la experiencia relacionada por El Firdoussi y cols. (2020). Pero en los últimos años y por lo vivido en el 2020 con la COVID-19 (UNESCO, 2020a), han surgido nuevas propuestas que han logrado, con esfuerzo, construir comunidades colaborativas de educadores de aprendizaje en línea y remoto, como lo dan a conocer Mishra y cols. (2020), quienes presentan diferentes estrategias para acompañar la emergencia educativa, tales como nuevos modos de enseñanza-aprendizaje para guiar la educación en línea con la ayuda de clases virtuales y otras actividades fundamentales en línea.

Estos aspectos son manifestados por la UNESCO (2020) ya que, desde su propuesta, busca construir lineamientos que garanticen entornos virtuales de calidad, los cuales han empezado a verse reflejados en propuestas como la tarjeta de puntuación (CALED, 2019), la cual es una herramienta que permite identificar, medir y cuantificar los elementos de calidad en un programa educativo en línea. Esta fue propuesta por Online Learning Consortium y Online Learning Consortium (OLC/CALED, 2019), quienes son una comunidad colaborativa de líderes e innovadores de la educación superior, dedicados a promover la enseñanza digital de calidad y las experiencias de aprendizaje diseñadas para alcanzar e involucrar al estudiante moderno.

Dentro de este mismo orden de ideas, se encuentra el trabajo de National Standards For Quality Online Teaching (NSQ, 2019), quienes hacen una relación de Estándares Nacionales para el Aprendizaje en Línea de Calidad como un proyecto de desarrollo continuo para cursos, programas y enseñanza en línea en Estados Unidos, con el objetivo ofrecer a la comunidad de aprendizaje en línea y mixta de la educación básica y media académica (K-12) un conjunto actualizado de estándares con licencia abierta para ayudar a evaluar y mejorar el aprendizaje en línea. Por otro lado, se relacionan los aportes de la Organización de Estados Iberoamericanos (OEI, 2020), donde se detalla una matriz comparativa de modelos de evaluación de educación a distancia, lo que proyecta una descripción generalizada de los criterios, dimensiones, estándares, objetivos e indicadores que componen cada uno de los modelos analizados, partiendo del modelo de CALED (2019) como base para identificar las similitudes más características entre cada una.

De manera clara, los ejemplos expuestos anteriormente evidencian la necesidad de una medición de la calidad en la educación, lo cual ha llevado a la aplicación de medidas de control inicial en los entornos de la modalidad virtual y a distancia que, como indican Trabaldo y Mendizabal (2014), deben enfocarse en la gestión de tres tipos de procesos:

1. procesos relacionados con los destinatarios;
2. procesos relacionados con la gestión del aprendizaje;
3. procesos relacionados a la gestión de los contenidos.

De modo que, a través de esta revisión, vale la pena resaltar la importancia de los estándares de calidad para apoyar el proceso educativo, los cuales deberían ser un factor central en las instituciones para que estas sean expertas y capaces de implementar el modelo de control que trace el trayecto formativo aplicado y complementado con un modelo propio de criterios de revisión de calidad de la propuesta de educación virtual. Esta debería orientarse no solo a factores administrativos, sino ir hacia un enfoque pedagógico que apoye el desarrollo de diferentes habilidades de razonamiento científico de los estudiantes, por lo que el presente estudio proyecta, en una próxima publicación, la presentación formal de un estándar de calidad fundamentado en la dialógica para que, mediante un análisis del entorno social educativo, pueda acompañar los procesos formales de educación virtual en cualquier institución.

Referencias

Albornoz, O (2018). *Mitos, tabúes y realidades de las universidades. Volumen I: Cambios en las sociedades, reformas en las universidades.* UNESCO-IESALC. Recuperado de https://unesdoc.unesco.org/ark:/48223/pf0000266107?posInSet=6&queryId=b5139702-e83c-4393-bbe1-37103c585040.

Álvarez, H., Avello, R., y López, R (2012). «Los entornos virtuales de aprendizaje como recurso didáctico en el ámbito universitario». *Revista Universidad y Sociedad 5(1),* 1-10. Recuperado de https://www.researchgate.net/publication/262105581_Los_Entornos_Virtuales_de_Aprendizaje_como_recurso_didactico_en_el_ambito_universitario.

Arboleda, N. y Rama, C. (2013). *La educación superior a distancia y virtual en Colombia: Nuevas realidades.* Virtual Educa, ACESAD.

Arvaja, M., y Hämäläinen, R. (2021). *Dialogicality in making sense of online collaborative interaction: A conceptual perspective. The Internet and Higher Education,* 48. doi: 10.1016/j.iheduc.2020.100771.

Bailey, L. W.; de Peralta, M. S.; y Aparicio, J. M. (2021). «El papel del docente frente a las nuevas formas de aprendizaje: ubicuo, flexible y abierto». *Centros: Revista Científica Universitaria,* 10(1), 82-94. Recuperado de https://revistas.up.ac.pa/index.php/centros/article/view/1951.

Bohórquez, M.; Rodriguez, B.; Vega, S.; Roja, N.; y Barbosa, L. (2016). «Learning and Skills Development in a Virtual Class of Educommunication Based on Educational Proposals and Interactions». En G. Sampson, M. Spector y D. Ifenthaler (Presidencia) *13 International Conference Cognition and Exploratory Learning in the Digital Age (CELDA 2016).* Simposio llevado a cabo en el congreso Mannheim, Alemania.

CAF (2020). *El estado de la digitalización de América Latina frente a la pandemia del COVID 19.* Observatorio CAF del Ecosistema digital. Recuperado de https://scioteca.caf.com/bitstream/handle/123456789/1540/El_estado_de_la_digitalizacion_de_America_Latina_frente_a_la_pandemia_del_COVID-19.pdf?sequence=1&isAllowed=ylatin.

CALED (2019). *Tarjeta de puntuación (SCCQAP).* San Cayetano Alto Loja, Ecuador. Recuperado de http://www.caled-ead.org/tarjeta-OLC-CALED.

Castilla, M. y Ramírez, A. (2016). *Educación virtual y recursos educativos.* Ed. Brujas. Recuperado de http://190.57.147.202:90/xmlui/bitstream/handle/123456789/661/educacion-virtual-y-recursos-educativos.pdf?sequence=1.

Castro, N.; Suárez, X.; y Soto, V. (2016). «El uso del foro virtual para desarrollar el aprendizaje autorregulado de los estudiantes universitarios». *Innovación educativa,* 16(70), 23-41. Recuperado de http://www.scielo.org.mx/scielo.php?script=sci_arttext&pid=S1665-26732016000100023.

Chan, M. (2016). «La virtualización de la educación superior en América Latina: entre tendencias y paradigmas». *Revista de Educación a Distancia,* (18). doi:10.6018/red/48/1.

Coll, Bustos y Engel (2011). «Perfiles de participación y presencia docente distribuida en redes asíncronas de aprendizaje: la articulación del análisis estructural y de contenido». *Proceedings Revista de Educación,* pp. 657-688. Recuperado en: http://www.revistaeducacion.mec.es/re354/re354_26.pdf.

CRES (2018). *Tendencias de la educación superior en América Latina y el Caribe 2018.* Conferencia Regional de Educación Superior, 3rd. UNESCO-IESALC, UNC. Recuperado de https://unesdoc.unesco.org/ark:/48223/pf0000372644.

Díaz, J. (2014). *Estrategias innovadoras para la docencia dialógica y virtual.* Ed. Visión libros.

El Firdoussi, S.; Lachgar, M.; Kabaili, H.; Rochdi, A.; Goujdami, D.; y El Firdoussi, L. (2020). «Assessing Distance Learning in Higher Education during the COVID-19 Pandemic». *Education Research International,* 2020. Recuperado de https://www.hindawi.com/journals/edri/2020/8890633/.

Escudero, A. (2018). «Redefinición del "aprendizaje en red" en la cuarta revolución industrial». *Apertura (Guadalajara, Jal.),* 10(1), 149-163. Recuperado de http://www.scielo.org.mx/scielo.php?script=sci_arttext&pid=S1665-61802018000100149.

Fainholc, B. (2016). «Presente y futuro latinoamericano de la enseñanza y el aprendizaje en entornos virtuales referidos a educación universitaria». *Revista de Educación a Distancia (RED),* (48), 1-22. doi:10.6018/red/48/2

Ferrada, D., y Flecha, R. (2008). «El modelo dialógico de la pedagogía: un aporte desde las experiencias de comunidades de aprendizaje». *Estudios pedagógicos (Valdivia),* 34(1), 41-61. https://scielo.conicyt.cl/scielo.php?pid=S0718-07052008000100003&script.05/03/16.

Flecha, R. (1997). *Compartiendo palabras: el aprendizaje de las personas adultas a través del diálogo.* Paidós.

Freire, P. (1970). *Pedagogía del Oprimido.* Siglo XXI Editores.

Fundación Universitaria Católica del Norte (2005). *Educación virtual: Reflexiones y experiencias.* Recuperado de https://www.ucn.edu.co/institucion/sala-prensa/Documents/educacion-virtual-reflexiones-experiencias.pdf.

García, C. L. (2020). «Andragogy in postgraduate studies. A theoretical phenomenological dialogic Perspective». *Episteme Koikonia,* vol. 3, núm. 5, 2020. https://fundacionkoinonia.com.ve/ojs/index.php/epistemekoinonia/article/view/526/732.

García, L. (2013). «Historia de la educación a distancia». *Revista Iberoamericana de Educación a Distancia (RIED),* 2(1). doi:10.5944/ried.2.1.2084.

Gómez, L.; Valverde, K.; y Villón, A. (2020). «El aprendizaje dialógico en los procesos de interacción social del contexto educativo». *Dilemas contemporáneos: Educación, política y valores.* doi:10.46377/dilemas.v35i1.2222.

Granados, I. (2013). «La agenda de las políticas educativas: el derecho a la calidad, curriculum y administración: factores asociados a la formación de los administradores». En Ademar, H. y Vergara, M. (Ed.), *La política educativa, más allá del concepto* (pp. 64-86). Editorial Comunicarte.

Guevara, S. (2013). «La calidad de la educación superior en el siglo XXI. De las políticas a su implementación. El caso de una universidad en Colombia». En Ademar, H. y Vergara, M. (Ed.), *La política educativa, más allá del concepto* (pp. 113-129). Editorial Comunicarte.

Gutiérrez, A. (2008). *El profesor como mediador o facilitador del aprendizaje. Universidad autónoma metropolitana.* ANUIES (Universidad Autónoma Metropolitana Unidad Iztapalapa). Recuperado de: http://sgpwe.izt.uam.mx/files/users/virtuami/file/El_profesor_como_mediador.pdf.

ISO 9000 (2015). *Glosario de calidad.* Recuperado de https://www.normas9000.com/content/Glosario.aspx#glosarioC.

Jara, I (2015). *Infraestructura digital para educación: avances y desafíos para Latinoamérica.* UNESCO.

Jiménez, J. (2014). «El modelo educativo dialógico en la comunicación de las comunidades virtuales». *Aula de Encuentro,* 16(2). Recuperado de https://revistaselectronicas.ujaen.es/index.php/ADE/article/view/1770/1854.

Kasim, N. N. M., y Khalid, F. (2016). «Choosing the Right Learning Management System (LMS) for the Higher Education Institution Context: A Systematic Review». *International Journal of Emerging Technologies in Learning,* 11(6).

Lamas, H. (2010). «Educación dialógica». *UCV-SCIENTIA/Journal of Scientific Research of University Cesar Vallejo,* 2(1), 69-77. Recuperado de http://181.224.246.204/index.php/UCV-SCIENTIA/article/view/491/365.

Lamí, L. E.; Guirado, V. D. C.; León, J. L.; y Rodríguez del Rey, M. E. (2020). «El aprendizaje en las comunidades virtuales». *Conrado,* 16(74), 261-265. Recuperado de http://scielo.sld.cu/sciclo.php?pid=S1990 86442020000300261&script=sci_arttext&tlng=pt.

Laorden, C., y Foncillas, M. (2019). «Tertulias dialógicas y adquisición de competencias: percepción de estudiantes del grado de educación social». *Aula de encuentro,* 21(1), 40–59. https://doi.org/10.17561/ae.v21i1.3.

Lemaitre, M. J. (2018). «La educación superior como parte del sistema educativo en América Latina y el Caribe». CRES 2018, *Tendencias de la educación superior en América Latina y el Caribe.* UNESCO-IESALC, UNC. Recuperado de https://unesdoc.unesco.org/ark:/48223/pf0000372644.

Ley N° 115 (8 de febrero de 1994). Ley General de Educación y Desarrollos Reglamentarios. República de Colombia, Ministerio de Educación Nacional.

MEN (2020a). *Estándares básicos de competencia.* Recuperado de: https://www.mineducacion.gov.co/1759/w3-article-340021.html?_noredirect=1.

MEN (2020b). *Directiva No. 05 de 25 de marzo de 2020: Orientaciones para la implementación de estrategias pedagógicas de trabajo académico en casa y la implementación de una modalidad de complemento alimentario para consumo en casa.* Recuperado de https://www.mineducacion.gov.co/1759/articles-394577_recurso_2.pdf.

MEN (2020c). *Educación virtual o educación en línea.* Recuperado de https://www.mineducacion.gov.co/1759/w3-article-196492.html?_noredirect=1.

MINTIC (2018). *Plan TIC 2019-2022. El futuro digital es de todos*. Recuperado de: https://micrositios.mintic.gov.co/plan_tic_2018_2022/pdf/plan_tic_2018_2022_20191121.pdf.

MINTIC (2021). *Colombia superó los 209 000 teletrabajadores en 2020: Ministerio de las TIC*.

Mishra, L.; Gupta, T.; y Shree, A. (2020). «Online teaching-learning in higher education during lockdown period of COVID-19 pandemic». *International Journal of Educational Research Open*, 1, 100012. doi:10.1016/j.ijedro.2020.100012.

Muga, A., y Sotomayor, A. (2017). «Sistemas de evaluación de calidad y control político-administrativo». *Revista Educación Superior y Sociedad (ESS), IESALC, UNESCO,* 22(22), 111-130. Recuperado https://unesdoc.unesco.org/ark:/48223/pf0000261633?posInSet=2&queryId=3a4c3532-7c13-43af-a244-64dbfa652b1c.

Navarro, J. (2006). «Dos clases de políticas educativas. La política de las políticas públicas». *Serie PREAL Documentos*, (36). Recuperado de http://www.keele.thedialogue.org/PublicationFiles/PREAL% %2036.pdf.

Nicholson, P. (2007). *Computers and education*. Springer.

NSQ (2019). *National Standards For Quality Online Teaching*. Recuperado de https://www.nsqol.org/wp-content/uploads/2019/02/National-Standards-for-Quality-Online-Teaching.pdf.

OCDE (2016). *Trends shaping education 2016, OECD Publishing*. Recuperado de https://www.oecd-ilibrary.org/education/trends-shaping-education-2016_trends_edu-2016-en.

OLC/CALED (2019). *Tarjeta de puntuación para la evaluación de programas educativos en línea*. Recuperado de https://onlinelearningconsortium.org/consult/olc-spanish-quality-scorecard/.

Olguín, M. (2020). Calidad e innovación educativa en las Escuelas. *Con-Ciencia Boletín Científico de la Escuela Preparatoria* No. 3, 7(13), 49-53. Recuperado de https://repository.uaeh.edu.mx/revistas/index.php/prepa3/article/view/5205/6639.

Ornelas, C. (2020). *Política educativa en América Latina: Reformas, resistencia y persistencia*. Siglo XXI Editores.

Osma, J.; Suarez, J.; Marin, C; y Molano, J. (2016). «Metric LMS: Educational evaluation platforms». *2016 11th Iberian Conference on Information Systems and Technologies (CISTI)*, 2016, pp. 1-6, doi: 10.1109/CISTI.2016.7521434.

Paguay, F.; Paguay, A.; y Paguay, E. (2020). «De los modelos tradicionales hacia una pedagogía dialogante». *Ecos de la academia*, 6(11), 51-61.

Protopsaltis, S. y Baum, S. (2019). *Does Online Education Live Up to Its Promise? A Look at the Evidence*. Recuperado de https://www.urban.org/research/publication/does-online-education-live-its-promise-look-evidence.

Reyes, V. Y. (2019). «Alter-globalisation Social Imaginaries: a theoretical review». *Imagonautas: revista Interdisciplinaria sobre imaginarios sociales*, (13), 1-22.

Ríos, D., y Herrera, D. (2017). «Los desafíos de la evaluación por competencias en el ámbito educativo». *Educação e Pesquisa*, 43(4), 1073-1086. http://www.scielo.br/scielo.php?pid=S1517-97022017000401073&script=sci_arttext.

SECBOG (2020). *Aprende en casa.* Recuperado de https://www.redacademica.edu.co/estrategias/aprende-en-casa.

Silvio, J. (2006). «Hacia una educación virtual de calidad, pero con equidad y pertinencia. RUSC». *Universities and Knowledge Society Journal*, 3(1).

Tiana, A. (2012). «Los sistemas de indicadores: una radiografía de la educación». En Kisilevsky, M., & Roca, E. (Ed.), *Indicadores, metas y políticas educativas. Organización de Estados Iberoamericanos para la Educación, la Ciencia y la Cultura.* (pp. 17-30). Organización de Estados Iberoamericanos.

Tibocha, A. (2013). «La calidad de las IES: Una política pública fundamental para el fortalecimiento de la educación superior en Colombia». En Ademar, H. y Vergara, M. (Ed.), *La política educativa, más allá del concepto* (pp. 102-112). Editorial Comunicarte.

Tyton (2020). *Time For Class COVID-19, Edition Part 2.* Recuperado de https://tytonpartners.com/wp-content/uploads/2020/10/10.05.2020.Time-for-Class-COVID-19-Part-2-Planning-for-Fall-Like-No-Other-V2.pdf.

UNESCO (2016). *Tecnologías digitales al servicio de la calidad educativa.* Recuperado de https://unesdoc.unesco.org/ark:/48223/pf0000245115?posInSet=1&queryId=daee2776-ab73-4fb8-bf40-fbd3f85b1761.

UNESCO (2017a). *Sustainable Development Goals (SDG).* Recuperado de http://unesdoc.unesco.org/images/0024/002474/247444e.pdf.

UNESCO (2017b). *Docentes y sus aprendizajes en modalidad virtual.* Recuperado de https://unesdoc.unesco.org/ark:/48223/pf0000260919?posInSet=1&queryId=3a4c3532-7c13-43af-a244-64dbfa652b1c.

UNESCO (2020). *Impacto de COVID-19 en la educación.* Recuperado de https://es.unesco.org/covid19/educationresponse.

UNESCO-UIS (2018). *Compendio 2017 de datos sobre el ODS 4: El Factor de la calidad: fortaleciendo las estadísticas nacionales para monitorear el Objetivo de Desarrollo Sostenible 4, compendio 2017 de datos sobre el ODS 4.* Recuperado de https://unesdoc.unesco.org/ark:/48223/pf0000262802?posInSet=3&queryId=4870c1c6-afff-4efb-af66-b0c1c4f1dd9a.

Unigarro, M. (2004). *Conectados en el ciberespacio.* Editorial UNED.

Valverde, J.; Garrido, M.; y Sosa, M. (2010). *Políticas educativas para la integración de las TIC en Extremadura y sus efectos sobre la innovación didáctica y el proceso enseñanza-aprendizaje: la percepción del profesorado.* Recuperado de http://repositorio.minedu.gob.pe/handle/20.500.12799/1185.

Villalonga, A. (2015). «La educación superior a distancia». *Modelos, retos y oportunidades*. 22. Recuperado de http://www.unesco.org/new/fileadmin/ MULTIMEDIA/FIELD/Havana/pdf/educacion_a_distancia_modelo_final.pdf.

Watters, E., y Hanf, G. (2015). *Promoting quality assurance in vocational education and training: the ETF approach*. European Training Foundation. Recuperado de https://www.etf.europa.eu/sites/default/files/m/ B77049AC22B5B2E9C125820B006AF647_Promoting%%20QA%%20in%%20VET. pdf.

Wenger, E. (1998). *Communities of practice: Learning, meaning, and identity*. University Press.

Yong, E.; Nagles, N.; Mejía, C.; y Chaparro, C. (2017). «Evolución de la educación superior a distancia: desafíos y oportunidades para su gestión». *Revista Virtual Universidad Católica del Norte*, 50, 80-105. Recuperado de http://revistavirtual. ucn.edu.co/index.php/RevistaUCN/article/view/814/1332.

Zambrano, R. A.; Ávila, R. A.; y Cedeño, J. M. (2020). «Modelo pedagógico virtual sustentado en el aprendizaje dialógico interactivo». *Una implementación necesaria. Polo del Conocimiento*, 5(5), 188-211. Recuperado de https:// polodelconocimiento.com/ojs/index.php/es/article/view/1411.

Lecturas recomendadas

*Formación docente: desde la reivindicación
por la transformación y justicia educativa*
(Francisco Gárate)

Comunicación y expresión oral y escrita: el poder del diálogo
(Wendy Santos)

Lectura comprensiva: una mirada multidimensional
(Ana Ramírez Balmaceda y colaboradores)

Apuntes educativos (Francisco Gárate)

*La inferencia y la comprensión lectora en la Educación
Básica Regular (vol. I)*
(Patricia Emperatriz Chávez Espinoza)